DEN KOMPLETTA SOJARECEPTKOOKBOKEN

100 LÄCKRA RECEPT FÖR ATT BEMÄSTRA VARJE MATRÄTT MED SOJA

Katarina Jakobsson

Alla rättigheter förbehållna.

varning

Informationen i den här e-boken är avsedd att fungera som en omfattande samling av strategier som författaren till den här e-boken har forskat om. Sammanfattningar, strategier, tips och tricks är endast rekommendationer av författaren, och att läsa den här e-boken garanterar inte att ens resultat exakt speglar författarens resultat. Författaren till e-boken har gjort alla rimliga ansträngningar för att tillhandahålla aktuell och korrekt information till e-bokens läsare. Författaren och dess medarbetare kommer inte att hållas ansvariga för eventuella oavsiktliga fel eller utelämnanden som kan hittas. Materialet i e-boken kan innehålla information från tredje part. Tredjepartsmaterial består av åsikter som uttrycks av deras ägare. Som sådan tar e-bokens författare inget ansvar eller ansvar för material eller åsikter från tredje part.

E-boken är copyright © 2022 med alla rättigheter förbehållna. Det är olagligt att omdistribuera, kopiera eller skapa härledda verk från denna e-bok helt eller delvis. Inga delar av denna rapport får reproduceras eller återsändas i någon form reproduceras eller återsändas i någon form utan skriftligt uttryckt och undertecknat tillstånd från författaren.

INNEHÅLLSFÖRTECKNING

INNEHÅLLSFÖRTECKNING 4
INTRODUKTION 8
    Vad är sojaböna? 8
    Sojabönor produkter 9
SOJASÅS RÄTTER 12
    1. Curry med sojabitar 13
    2. Fläsk i sojasås 16
    3. Kycklingbröst med sojaglasyr 20
    4. Pak choi med sojasås 23
    5. Frysande kyckling med sojahonung 25
    6. Sojaanka 28
SOJABÖNANSÄTTER 31
    7. Woka sojabönor 32
    8. Sojasvamp 35
    9. Lax i miso 38
    10. Havskatt med svart bönor-sojasås 40
    11. Sojabönsoppa 43
    12. Sojabönor 46
    13. Gröna bönor med sojadressing 49
    14. Sojabönbiffar 52
    15. Thailändska sojabönor 56
SOJAMJÖLK RECEPT 60
    16. Glass med karamelliserade apelsiner 61
    17. Sojais med lime 64
    18. Krämig bananrulle 66
    19. Sojayoghurt 69

20. Sojamjölk Bananshake 72

SOJAMJÖL RECEPT 74

21. Soja Chapati 75
22. Soja afrikansk munk 77
23. Sojamunkar 80
24. Sojascones 83
25. Banan sojakaka 86
26. Sojakebab 89
27. Melassvetebröd 92

SOJA OKARA RÄTTER 96

28. Okara Mochi 97
29. Mandelkakor 99
30. Okara "Chicken" Strips 101
31. Orange Soy Milk Smoothie 103
32. Black Bean Burgers 105

SOJADRESSINGAR & SÅSER 108

33. Soja Bolognese sås 109
34. Sojabönpastej 112
35. Sojaböndopp med oliv & citron 115
36. Sojabönshummus 118
37. Soja- och sesamfröndressing 120

SOJA UNDERBAR 123

38. Sega kakor 124
39. Havrekakor 127
40. Fruktiga tarteletter 130
41. Chokladkräm 132
42. Svampsoppa 134
43. Huat Kueh 137
44. Riskaka 139
45. Honey Cranberry Scones 142

46. Sufflé 145
47. Mango Jelly 148
48. Fruktig Shake 150
49. Popsicle 152
50. Hallonsojaglass 155

TOFU RÄTTER 158

51. Bean Curd med ostronsås 159
52. Friterad tofu 162
53. Fermenterad bönmassa med spenat 164
54. Stuvad Tofu 166
55. Kinesiska nudlar i jordnöts-sesamsås 169
56. Mandarin nudlar 172
57. Bean Curd med bönsås och nudlar 175
58. Tofu fylld med räkor 178
59. Bean Curd med Szechuan Grönsak 181
60. Bräserad tofu med tre grönsaker 184
61. Fläskfyllda tofutrianglar 187
62. Tranbärspannkakor med sirap 190
63. Sojaglaserad tofu 193
64. Tofu i Cajun-stil 195
65. Tofu med fräsande kaprissås 198
66. Country-Fried Tofu med Golden Gravy 201
67. Apelsinglaserad tofu och sparris 204
68. Tofu Pizzaiola 207
69. "Ka-Pow" Tofu 210
70. Tofu i siciliansk stil 213
71. Thai-Phoon Stir-Fry 216
72. Chipotle-målad bakad tofu 219
73. Grillad tofu med tamarindglasyr 221
74. Tofu fylld med vattenkrasse 224
75. Tofu med pistage-granatäpple 227
76. Spice Island Tofu 230
77. Ingefära tofu med citrus-hoisinsås 233

78. Tofu med citrongräs och snöärtor 236
79. Dubbel-Sesam Tofu med Tahinisås 239
80. Tofu och Edamame gryta 242
81. Soy-Tan DreamKoteletter 245
82. Tofu Meat Loaf 247
83. Mycket vaniljfranska toast 250
84. Sesam-soja frukostpålägg 253
85. Radiatore Med Aurorasås 255
86. Klassisk Tofu Lasagne 258
87. Röd mangold och spenatlasagne 261
88. Rostad grönsakslasagne 264
89. Lasagne med Radicchio 267
90. Lasagne Primavera 270
91. Svarta bönor och pumpa Lasagne 273
92. Mangoldfylld Manicotti 276
93. Spenat Manicotti 279
94. Lasagnehjul 282
95. Pumpa Ravioli med ärtor 285
96. Kronärtskocka-Valnöt Ravioli 289
97. Tortellini med apelsinsås 293
98. Grönsak Lo Mein Med Tofu 296
99. Pad Thai 299
100. Drunken Spaghetti med Tofu 302

SLUTSATS 305

INTRODUKTION

Vad är sojaböna?

Sojaböna (Glycine max) är en relativt ny gröda i Afrika. Under de senaste åren har dess produktion ökat avsevärt, delvis på grund av forskningsframsteg för att "tropicalisera" baljväxten.

De flesta livsmedelsbutiker har en mängd olika sojaprodukter, inklusive sojamjölk, köttimitation och modersmjölksersättning. Till skillnad från de flesta växter är soja ett komplett protein, vilket innebär att det innehåller alla essentiella aminosyror. Detta gör att soja kan ersätta animaliska produkter, som är de vanliga kostkällorna för komplett protein, och gör soja till ett välkommet tillskott till växtbaserad kost.

Sojabönor produkter

A. Sojamjölk

Att mala, blötlägga och sila sojabönor skapar en mild smakande vätska som kallas sojamjölk. Sojamjölk är vanligtvis en lämplig ersättning för mejerimjölk. Vanilj och choklad sojamjölk säljs ofta tillsammans med smaklös sojamjölk, som alla vanligtvis förpackas i aseptiska behållare. En 1-kopps servering sojamjölk har i genomsnitt 104 kalorier, 6 gram protein och 3,5 gram fett. Berik sojamjölk är en bra källa till kalcium, järn, vitamin B-12 och vitamin D.

B. Tofu

Sojabönsmassa - eller tofu - skapas genom att soja curdling med ett koaguleringsmedel. Tofu, som har minimal smak, kan lätt absorbera kryddor och smakämnen. Fast tofu är tät och användbar i röror eller soppor. Mjuk tofu är mosigare och fungerar i stället för yoghurt i smoothies. En 1/2-kopps portion fast tofu har 88 kalorier, över 10 gram protein och 5 gram fett. Krämiga desserter med tofu är vanliga i livsmedelsbutiker, liksom vanliga tofublock med varierande fasthet. De flesta asiatiska marknader har färsk tofu, som har en mjukare konsistens och smak.

C. Sojasåser

Sojasås är en av de vanligaste sojaprodukterna som finns. Denna mörkbruna vätska med salt smak görs genom att sojabönor jäser. Shoyu och tamari är vanliga sorter av sojasås och är vanligtvis tillgängliga i olika nivåer av mörker. En 1-tsk servering tamari har 4 kalorier och 335 milligram natrium. Grönsaks-, kött- och tofurätter kräver ofta sojasås, men det används till och med i vissa kakrecept.

D. Sojabönsolja

Enligt The United Soybean Board innehåller de flesta margariner, matfetter och salladsdressingar sojaolja. Dessutom är det mesta av "vegetabilisk olja" du ser i mataffären ren sojaolja. American Heart Association listar sojabönolja som ett säkert fett för att upprätthålla hälsa och livslängd. En 1-tsk portion sojaolja har 40 kalorier, 4,5 gram fett och mindre än 1 gram mättat fett. Sojaolja är mestadels smaklös, vilket gör den till en icke-påträngande ingrediens i de flesta rätter.

E. Andra sojaprodukter

Sojabönor är en otroligt mångsidig ingrediens som används för att göra många produkter som finns runt om i världen. Några exempel är vispad sojatopping, sojaost, sojayoghurt, sojanötssmör, sojagryn, sojaglass, sojaköttalternativ och sojanötter. Yuba, som är ett tunt ark tillverkat av sojabönor, är användbart för att göra wraps och soppor; tempeh är ett pressat, fermenterat block av sojabönor; miso är en fermenterad sojabönsblandning som används i soppa; natto är en klibbig, fermenterad sojabönsrätt.

SOJASÅS RÄTTER

1. Curry med sojabitar

Ingredienser:

- 1 kopp beredda sojabitar
- 1 dl socker/borlottibönor
- 2 tsk senapsfrön
- 1 tsk gurkmeja
- 2 tsk chilipulver
- 2 tsk mald koriander
- 2 tsk spiskummin
- Lite curryblad
- Några kardemummakapslar
- 2 stora morötter, rivna
- 2 stora potatisar, skurna i bitar
- 2 stora tomater, tärnade
- 1-2 dl vatten
- 1 msk farinsocker

Vägbeskrivning:

a) Förbered bönorna – blötlägg bönorna över natten och koka tills de är mjuka.

b) Hetta upp olja i en gryta och tillsätt senapsfrön, gurkmeja, koriander, spiskummin, curryblad. Stek försiktigt tills fröna poppar.

c) Tillsätt chilipulver och blanda. Tillsätt morötter och bräsera försiktigt. Tillsätt sojabitar och potatis.

d) Tillsätt tillräckligt med vatten för att göra en anständig sås. Koka tills potatisen nästan är mjuk.

e) Tillsätt bönor, tomater och mer vatten om det behövs. Tillsätt socker. Koka tills potatisen är mjuk och servera.

2. Fläsk i sojasås

Utbyte: 4 portioner

Ingredienser:

- ½ kilo (1 1/4 lb) fläskfilé eller fläsklägg
- 1 msk klar sojasås
- 2 matskedar vanligt mjöl
- ½ tesked pulveriserad ingefära
- 20 gram (4 oz) knappsvamp
- 4 vitlöksklyftor
- 1 skiva rot ingefära, ca 2 cm (1") tvärsöver och 1/2 cm (1/4") tjock
- 3 matskedar mörk sojasås
- Peppar eller en nypa chilipulver
- 2 matskedar kokt vatten
- 2 matskedar Medium torr sherry eller risvin (valfritt)
- 2 tsk citronsaft
- 6 matskedar Olja eller fläskfett

Vägbeskrivning:

a) Detta är, som namnet antyder, fläsk tillagat i sojasås. Det är en speciell favorit hos min egen man och mina barn, som alltid vet när det är på väg att dyka upp på bordet eftersom ingefäran och vitlöken som steks i såsen luktar så ljuvligt gott.

b) Skär fläsket i små tärningar. Lägg mjölet i en skål och tillsätt den klara sojasåsen och ingefärspulvret, blanda dem väl. Klä fläsket med blandningen och låt det sedan stå i minst 30 minuter.

c) Rensa och skiva svampen. Skala vitlöken och ingefäran och skiva dem mycket tunt; du kan använda dessa tunna skivor som de är, eller skära dem igen i väldigt små stavar.

d) Hetta upp oljan eller fettet i en wok eller tjock stekpanna och stek köttet, hälften av det i taget, vänd då och då, i 5 minuter.

e) Upprepa processen för den återstående hälften av köttet. Mjölet som täckte köttet tenderar att stanna kvar i pannan eller fastna på botten av det, men lämna det där - det kommer att tjockna såsen senare.

f) Ta nu upp det mesta av oljan ur pannan, lämna bara cirka två matskedar som du sedan värmer igen. Stek i detta de små skivorna av vitlök och ingefära och svampen under konstant omrörning i en minut.

g) Tillsätt sojasåsen, vattnet och köttet. blanda väl, krydda med peppar eller chilipulver och rör hela tiden i 1 eller 2 minuter. precis innan servering, tillsätt sherryn eller risvinet och citronsaften. Servera varm.

h) Den här rätten håller sig extremt bra i frysen, och det är värt att göra en stor mängd av till exempel en halv fläsklägg, vilket är mycket billigare än att köpa fläskfilé.

i) För att servera från frysen, tina köttet helt och värm snabbt på hög låga i 2 till 3 minuter, rör om eller skaka pannan ordentligt hela tiden.

j) Tillsätt sherryn eller risvinet och citronsaften precis innan servering.

3. Kycklingbröst med sojaglasyr

Utbyte: 4 portioner

Ingredienser:

- 2 hela kycklingbröst
- ¼ kopp finhackad salladslök
- 2 vitlöksklyftor, pressade
- 1 msk flytande honung
- 2 msk torr sherry
- 2 tsk Riven färsk ingefärarot
- ½ kopp sojasås

Vägbeskrivning:

a) Skinn kycklingbitarna. Använd en skål och kombinera salladslök, vitlök, honung, sherry, ingefära och sojasås.

b) Doppa kycklingbröst i sås, lägg sedan i plastpåse och häll i resten av såsen. Förslut påsen tätt och låt stå i rumstemperatur från 30 till 60 minuter.

c) Förbered grillen, ställ grillen fyra tum (10 cm) ovanför heta kol.

d) Låt kycklingbröst rinna av och grilla, vänd efter behov för att förhindra förkolning och tillåta jämn tillagning i cirka 25 minuter. Pensla med sås efter behov för att hålla köttet fuktigt.

e) Värm resterande sås och servera med varm, grillad kyckling. Fyra portioner.

4. Pak choi med sojasås

Utbyte: 1 portioner

Ingredienser:

- 1 pund Grön pak choi
- 1 matsked olja
- 1 msk sojasås
- 2 skivade vitlöksklyftor

Vägbeskrivning:

a) Tvätta pak choi och låt rinna av väl. Hetta upp olja och tillsätt vitlöken och sedan pak choi.

b) Rör hela tiden tills pak choi ändrar färg.

c) Tillsätt sojasåsen efter smak. Servera varm.

5. Frysande kyckling med sojahonung

Utbyte: 4 portioner

Ingredienser:

- 200 gram kinesiska nudlar
- ½ kopp olja; (120 ml)
- ¼ kopp strimlad vårlök; (50 g)
- ¼ kopp strimlad kål; (50 g)
- ¼ kopp strimlad paprika; (50 g)
- ¼ kopp strimlad morot; (50 g)
- 1½ kopp benfri kyckling; kokas och strimlas
- 10 milliliter sojasås
- 25 milliliter honung
- Salt att smaka
- 4 gröna chili; hackad fint
- 200 gram nudlar; friterad

Vägbeskrivning:

a) För att förbereda boet: KOKA och låt rinna av nudlarna. Ta två koppar (skålar) med porösa hål.

b) Lägg nudlarna jämnt mellan de två kopparna. Tryck och doppa den i den heta oljan. Stek tills nudlarna blir gyllenbruna.

c) Ta bort från oljan och slå försiktigt ut nudlarna ur koppen. Håll de koppformade bon åt sidan.

d) Hetta upp oljan i en panna eller wok. Tillsätt vårlök, vitkål, paprika och morot. Fräs väl. Tillsätt den strimlade kycklingen och fräs tills den är klar. Smaksätt med sojasås, honung, salt och hackad grön chili.

e) Lägg de stekta nudlarna i boet och lägg på en varm sizzler tillsammans med den sauterade kycklingen och wokade babymajs och vårlök. Servera varm.

6. Sojaanka

Utbyte: 1 portioner

Ingredienser:

- 1 stor anka
- 1½ msk sojasås
- 4 dl kycklingbuljong
- 1 tsk socker
- 2 salladslökar
- 1 tsk riven ingefära
- ½ kopp rött vin till matlagning eller
- rödvinsvinäger

Vägbeskrivning:

a) Tvätta ankan i varmt vatten, torka den, fukta den med alkohol och bränn den kort för att bli av med den sura smaken.

b) Koka ankan i kycklingbuljongen och övriga ingredienser förutom vinet (eller vinägern) i en täckt gryta.

c) När ankan är mör - efter ungefär en timmes tillagning - avtäck grytan och tillsätt vinet (eller vinägern). Koka ytterligare 10 minuter.

d) Låt rinna av och servera med kokta grönsaker. Kan serveras hel eller i bitar.

SOJABÖNANSÄTTER

7. Woka sojabönor

Utbyte: 4 portioner

Ingredienser:
- 1 tsk sesamolja
- 1 morot; tunt skivad
- 1½ kopp sockerärtor
- ½ röd paprika; skär i tunna remsor
- 1 kopp baby majskolvar
- 300 gram konserverade sojabönor; dränera & skölja
- 2 matskedar honung
- 1 msk limejuice
- 2 tsk sesamfrön
- 1 tsk Sweet chilisås
- 1 tsk riven färsk ingefära

Vägbeskrivning:

a) Värm sesamolja i en wok eller stekpanna och tillsätt morot, sockerärter, röd paprika, majs och fräs i 2 till 3 minuter.

b) Tillsätt sojabönor och de återstående ingredienserna.

8. Sojasvamp

Utbyte: 1 portioner

Ingredienser:

- 50 gram sojanuggets
- 100 gram svamp
- 100 gram Paneer
- 2 knippen spenatpurerade
- 1 knippe koriander hackad
- 250 gram Lökpasta
- 2 gröna chili
- 250 gram hackade tomater
- 10 gram ingefärspasta
- 20 gram vitlökspasta
- 20 gram Saunf, krossad
- 50 gram Yoghurt
- 30 gram smör
- 1 tsk korianderpulver

- 2 tsk Jeera pulver
- 1 tsk kyligt pulver
- Salt att smaka
- ¼ tesked Garam masala - efter smak

Vägbeskrivning:

a) Purea den kokta spenaten, grön chili och koriander tillsammans och håll redo. Hetta upp olja, kall ingefära/vitlökspasta. Tillsätt kokt lökpasta (kokt lök-purerad i mixer) och koka.

b) Tillsätt kryddorna, kryddorna och tomaterna och koka tills oljan lämnar blandningen. Tillsätt spenatblandningen och fortsätt koka.

c) Rör till sist i sojanuggets och lägg i såsen. Lägg i tärningar och bitar av svamp.

d) Servera varm garnerad med grädde eller lökringar.

9. Lax i miso

Utbyte: 1 portioner

Ingredienser:

- 2 pund Färska laxbiffar eller filéer
- ½ kopp Lätt miso
- 1 matsked socker
- 1 nypa meddelande (valfritt)
- 3 salladslök; hackad
- 1 msk sojasås
- 1 tsk sesamolja
- ¼ kopp Sake

Vägbeskrivning:

a) Lägg biffarna i en skål som är tillräckligt stor för marinering. Blanda de återstående ingredienserna i en annan skål.

b) Marinera biffarna i denna blandning i cirka 2 timmar i rumstemperatur, eller i kylen över natten.

c) Grilla eller stek tills den är färdig efter egen smak.

10. Havskatt med svarta bönor-sojasås

Utbyte: 1 portioner

Ingredienser:

- 2 Hel havskatt; rensad, rensad
- 24 tunna skivor skalad färsk ingefära; (cirka 2 uns)
- $\frac{3}{4}$ kopp rismjöl
- $1\frac{1}{2}$ kopp jordnötsolja
- Svarta bönor-sojasås
- 1 stor tomat; frösådd, tärnad
- $\frac{1}{4}$ kopp hackad salladslök
- 2 limefrukter; skär i klyftor

Vägbeskrivning:

a) Värm ugnen till 350F. Använd en kniv och gör 6 diagonala skåror på en sida av varje fisk, fördela jämnt och skär till benet. Sätt in 1 ingefäraskiva i varje skåra. Vänd fisken.

b) Gör 6 diagonala skåror på andra sidan av varje fisk; sätt i återstående skivad ingefära. Strö havskatt med tillräckligt med rismjöl för att täcka på alla sidor.

c) Värm $1\frac{1}{2}$ koppar jordnötsolja i en stor stor stekpanna över medelhög värme tills termometern registrerar 375F. Skjut försiktigt in 1 havskatt i stekpanna och stek tills den är gyllene och nästan genomstekt, cirka 5 minuter per sida.

d) Överför till kantad bakplåt. Upprepa stekningen med den andra havskatten.

e) Baka havskatt i ugnen tills den är genomstekt och ogenomskinlig i mitten, cirka 10 minuter. Överför till tallrik. Häll svartbönor-sojasås över. Garnera tallriken med tomat, salladslök och limeklyftor. Servera omedelbart.

11. Sojabönsoppa

Utbyte: 1 portioner

Ingredienser:

- ½ pund Torkade sojabönor
- 1 liten lök; skivad
- 1 liter vatten
- 1 burk (24-oz) tomatjuice
- 1 matsked socker
- 1½ tesked salt; eller efter smak
- Morot

Vägbeskrivning:

a) Tvätta sojabönorna noggrant, täck med vatten och låt dra över natten.

b) Dränera bönor och kör genom mathackaren; lägg i en kastrull med löken och 1 liter vatten, täck över och låt sjuda försiktigt i 1½ till 2 timmar eller tills sojabönorna är mjuka.

c) Tillsätt resterande ingredienser och värm upp innan servering. Spån av riven morot gör en attraktiv garnering. 5 portioner.

12. Sojabönor

Utbyte: 1 portioner

Ingredienser:

- 1 pund sojabönor
- 8 matskedar sojasås
- 2 matskedar socker
- 5 koppar vatten

Vägbeskrivning:

a) Blötlägg bönorna i ljummet vatten över natten och häll av vattnet. Koka sedan bönorna med såsen, sockret och 5 koppar (kallt) vatten över snabb eld.

b) När det kokar, vrid ner till sjudande eld och koka 3 timmar, vänd på lite varje halvtimme tills all vätska absorberats. Tillsätt en halv kopp varmt vatten om det torkar före slutet av 3 timmar.

c) Överför bönorna till bakplåten och grädda vid 250 grader F låg eld, vänd om varje halvtimme.

d) Baka en timme om du planerar att äta dem snart; 1½ timme om du tänker förvara dem längre i en lufttät burk.

13. Gröna bönor med sojadressing

Utbyte: 1 portioner

Ingredienser:

- 1½ pund gröna bönor; trimmade i ändarna
- 3 matskedar sojasås
- 1 tsk socker
- 1 msk orientalisk sesamolja
- 3 matskedar jordnötter eller annan vegetabilisk olja
- 6 vitlöksklyftor; skalade och hackade
- 1 torkad varm röd chili; smulas sönder
- Salt

Vägbeskrivning:

a) Koka upp en stor kastrull med vatten. Häll i bönorna och koka snabbt i 4 till 5 minuter eller tills de är precis mjuka.

b) Häll av, och om den inte serveras mycket snart, skölj under kallt vatten. Låt rinna av i ett durkslag.

c) Blanda samman soja, socker och sesamolja. Avsätta.

d) Sätt en wok eller en stor gjutjärnsstekpanna för att värma över medelhög låga.

e) När det är varmt, lägg i jordnötsoljan. Det bör värmas upp på några sekunder. Lägg nu i vitlöken. Rör om en eller två gånger. Lägg i den röda chilin. Rör om en gång och lägg i de avrunna haricots verts. Rör runt dem tills några är lätt svedda.

f) Häll i sojablandningen. Fortsätt att röra om och stek tills det mesta av såsen absorberats.

g) Rör om för att blanda och servera.

14. Sojabönbiffar

Utbyte: 2 portioner

Ingredienser:

- ½ kopp kokta sojabönor
- ⅓ Lök
- ⅓ matsked tomatpuré
- ⅔ tesked chilisås
- ⅔ matsked hackad persilja
- ⅓ kopp Fullkornsbrödsmulor
- ⅓ Ägg
- 1/16 kopp mjölk
- ⅓ kopp Torrt ströbröd
- 1 msk sesamfrön
- ⅓ kopp Vanligt fullkornsmjöl
- Olja
- ⅔ Vitlöksklyftor
- 3/16 kopp Tahini

- 1/16 kopp vatten
- 3/16 kopp citronsaft

Vägbeskrivning:

a) Mosa bönorna med en potatisstöt.

b) Tillsätt lök, tomatpuré, chilisås, persilja och färska fullkornsbrödsmulor.

c) Blanda väl för att kombinera.

d) Dela blandningen i 4 jämna proportioner.

e) Forma till rundlar och platta till med fingrarna för att forma biffar.

f) Blanda ägget och mjölken i en skål och ströbröd och sesamfrön i en annan skål.

g) Rulla biffarna i mjölet och doppa dem sedan i den kombinerade ägg- och mjölkblandningen och täck sedan med den torra ströbröds- och sesamfröblandningen.

h) Hetta upp oljan i en stor grund panna. Koka biffarna på medelhög värme tills de är gyllenbruna på båda sidor.

i) Låt rinna av på absorberande papper.

j) Ställ åt sidan och håll värmen.

k) För att förbereda såsen, kombinera alla ingredienser i en liten skål.

l) Servera biffarna varma tillsammans med tahinisåsen.

15. Thailändska sojabönfritter

Utbyte: 6 portioner

Ingredienser:

- 5 stora thailändska torkade chili
- ½ tsk Hackade korianderrötter
- 1 tsk Malet Galangal
- 1 tsk Kaffir limeskal eller limeskal
- 2 msk finhackad vitlök
- 2 msk Finhackad rödlök
- 1 msk thailändsk räkpasta
- 2 medelstora hackade chili
- 2 tsk salt
- 1¾ kopp Kokta och mosade sojabönor
- 2 ägg
- 1 msk rismjöl
- 3 matskedar fisksås
- 1 tsk Finhackad Kaffirlime l

- 2 tsk korianderblad

- ½ kopp olja för stekning

- 4 matskedar socker

- 4 matskedar vinäger

Vägbeskrivning:

a) Puré chili, korianderrötter, Galanga, limeskal, vitlök, lök och räkpasta.

b) Tillsätt sojabönor och rismjöl och blanda väl.

c) Överför sojabönsblandningen till en skål och tillsätt ägg, kaffirlimeblad, korianderblad och fisksås och rör om kraftigt med en träslev tills det är väl blandat.

d) Hetta upp olja i en stor platt botten stekpanna på medelvärme.

e) Doppa under tiden händerna i vatten och forma sojabönsblandningen till biffar, ca 1-½ tum i diameter vardera. Stek tills de är genomstekta och gyllenbruna. Häll av oljan på hushållspapper.

f) Servera varm med dippsås.

g) **Dippsås**: Värm salt, socker och vinäger i en liten kastrull på låg värme tills saltet och sockret är upplöst. Kyl lite, tillsätt chili och rör om så att det blandas väl.

SOJAMJÖLK RECEPT

16. Glass med karamelliserade apelsiner

Ingredienser:

- 1 kopp sidentofu
- 1 kopp sojamjölk
- 1/2 kopp ren lönnsirap
- 2 tsk mald ingefära
- 1/4 kopp hackad kristalliserad eller kanderad ingefära
- 1 tsk rent vaniljextrakt
- finrivet skal och saft av 1 stor apelsin
- för de karamelliserade apelsinerna
- 2 stora apelsiner
- 1/2 kopp socker
- 4 matskedar vatten

Vägbeskrivning:

a) Blanda försiktigt ihop alla glassingredienser till en slät blandning. Häll upp i en glassmaskin och kärna enligt tillverkarens anvisningar, eller överför till en frysbehållare och följ instruktionernainstruktioner för handblandning.

b) När den är nästan fast, frys in i en frysbehållare i 15 till 20 minuter innan servering. Glassen kan frysas i upp till 1 månad, låt 10 eller 15 minuter mjukna innan servering.

c) Ta bort skalet från de 2 stora apelsinerna och ställ åt sidan, ta sedan bort och kassera resterande skal och den vita märgen. Skär apelsinerna i skivor och ställ åt sidan. Skär skalet i fina strimlor och lägg i en liten kastrull med socker och vatten.

d) Värm tills sockret har lösts upp och låt sjuda tills blandningen bildar en gyllene sirap. Ta genast av från värmen och tillsätt de skivade apelsinerna. Återgå till värmen och koka försiktigt i cirka 5 minuter, tills skivorna är väl mjukna, kyl.

e) Servera tofuglassen med skivor av karamelliserade apelsiner och lite av sirapen ringlad ovanpå.

Serverar 4

17. Sojais med lime

Ingredienser:

- 2 dl sojamjölk, kyld
- finrivet skal och saft av 3 limefrukter
- 4 matskedar honung, eller efter smak
- torkad kokos, rostad, att dekorera

Vägbeskrivning:

a) Mixa alla ingredienser i en matberedare tills det är väl blandat.
b) Placera i en glassmaskin och bearbeta enligt tillverkarens anvisningar, eller lägg i en frysbehållare och frys in med hjälp avhandblandningsmetodtills nästan fast.
c) Överför till en frysbehållare och frys tills den är fast nog att servera, eller täck och frys i upp till 3 månader.
d) Servera toppad med rostad kokos.

Ger 3 koppar

18. Krämig bananrulle

Ingredienser:

- 6 mogna bananer
- 2 dl sojamjölk
- 6 matskedar ren lönnsirap
- 2 tsk rent vaniljextrakt
- 3 msk rostade sesamfrön
- 2 till 3 matskedar osötat kakaopulver, siktat
- flingor eller lockar av choklad, att dekorera
- 1/2 koppchokladsås

Vägbeskrivning:

a) Frys in bananerna i skalet i cirka 2 timmar.
b) Skala, skiva och bearbeta bananerna i en matberedare med sojamjölk, lönnsirap, vanilj och sesamfrön tills de är väl blandade.
c) Häll upp i en folieklädd plåt, fördela jämnt och frys i 1 timme. Ta bort när den fortfarande är lite mjuk.
d) Rulla sedan ihop (i jelly-roll-stil) till en cylinder, täck med ett andra lager folie och vrid ändarna hårt för att ge rullen en bra snygg form. Frys in ytterligare en timme tills den är riktigt fast.
e) För att servera, packa upp rullen på en plan yta och duscha över hela med kakaopulvret.

f) Lägg över till ett serveringsfat och dekorera med chokladslingor, eller ringla över chokladsås. Servera skivad, med mer chokladsås.

Serverar 8

19. Sojayoghurt

Ingredienser:

- 4 koppar sojamjölk antingen kommersiell eller hemgjord
- 2 till 3 matskedar vanlig kommersiell yoghurt
- 5 matskedar rörsocker
- 1 tsk vaniljsmak eller annan smak efter önskemål
- Valfritt: Fruktkonserver

Vägbeskrivning:

a) Värm den pastöriserade sojamjölken till 194°F (90°C).

b) Tillsätt socker till den uppvärmda sojamjölksbasen och håll temperaturen vid 194°F (90°C), värm bara tillräckligt länge för att lösa upp sockret. Tillsätt smak.

c) Kyl mjölken till 122oF (50°C). Tillsätt den kommersiella yoghurten, blanda försiktigt innehållet noggrant och undvik skumbildning. Häll mjölken i koppar och förslut sedan med ett lock.

d) Placera omedelbart kopparna i en inkubator eller en ugn vid 106°F (41°C) i cirka 5 timmar. Efter 4-1/2 timmes inkubation, övervaka noggrant pH-värdet i yoghurten. När pH når 4,3 eller önskad surhet, överför yoghurten till ett kylskåp vid 36°F (2oC).

e) Efter 12 timmars kylning kan yoghurten serveras. Alternativ: För att göra yoghurt med frukt på botten, placera 2 till 3 teskedar fruktkonserver i botten av varje yoghurtkopp.

f) Fyll försiktigt blandningen från steg 3 i yoghurtbägare till nära toppen och förslut sedan med ett lock. Sojayoghurt kan göras av en yoghurttillverkare enligt instruktionerna.

20. Sojamjölk Bananshake

Ingredienser:

- 2 koppar sojamjölk
- 1 banan
- 1 T malda linfrö
- 1/2 C torr havregryn
- 1 t valfritt sötningsmedel

Vägbeskrivning:

a) Mixa med mixer eller stavmixer.

b) Njut av!

SOJAMJÖL RECEPT

21. Soja Chapati

Ingredienser:

- ½ kopp sojamjöl
- 2 dl vetemjöl
- 1 tsk salt
- 1 kopp vatten
- 1 ägg, uppvispat
- ¼ kopp olja

Vägbeskrivning:

a) Blanda de torra ingredienserna, blanda noggrant

b) Tillsätt olja, vatten och uppvispat ägg till blandningen

c) Blanda tills en slät deg bildas

d) Bryt av bitarna till önskad storlek

e) Rulla på mjölat underlag

f) Hetta upp lite olja i pannan på låg värme

g) Tillsätt chapati, koka tills båda sidor är gyllene

22. Soja afrikansk munk

Ingredienser:

- ½ kopp sojamjöl
- 2 dl vetemjöl
- ¼ kopp socker
- Nypa salt
- ¾ tesked mald muskotnöt
- 1 tsk bakpulver
- 1 msk jäst
- 1 kopp vatten
- Olja för stekning

Vägbeskrivning:

a) Blanda alla torra ingredienser, blanda noggrant

b) Tillsätt vatten tills en smidig deg bildas

c) Låt jäsa 45-60 minuter

d) Kavla ut degen på mjölad yta

e) Skär i bitar av önskad storlek

f) Stek i olja, vänd då och då, tills det är guldfärgat

g) Ta bort från oljan, låt rinna av och svalna innan förvaring

23. Sojamunkar

Ingredienser:

- 1 kopp sojamjöl
- 1 dl vetemjöl
- 2 tsk bakpulver
- ¼ tesked salt
- 1 matsked olja
- 3 matskedar socker
- 1/3 kopp mjölk eller vatten
- 1 ägg
- ¼ tesked mald kanel eller muskotnöt
- Olja för stekning

Vägbeskrivning:

a) Sikta mjöl, bakpulver, salt och kryddor tillsammans

b) Blanda ägg, socker och olja; slå ordentligt

c) Blanda torr blandning, äggblandning och mjölk/vatten

d) Blanda noggrant; tillsätt eventuellt ytterligare mjöl, men håll degen så mjuk som lätt kan hanteras

e) Kavla ut degen till ½ tum tjock på mjölad yta

f) Skär i munkformar med toppen av ett glas eller plåt

g) Stek i olja vid måttlig värme; vänd så snart munkar stiger till toppen

h) Ta bort när den är gyllenbrun och låt rinna av

24. Soja Scones

Ingredienser:

- 2 dl sojamjöl
- 2 dl vetemjöl
- ¼ kopp socker
- 1 ½ tsk salt
- ¼ kopp olja
- 2 matskedar jäst
- 1 kopp varmt vatten

Vägbeskrivning:

a) Lös upp jästen i varmt vatten, låt stå i 15 minuter

b) Sikta samman soja och vetemjöl

c) Blanda jästblandning, socker, salt och olja

d) Blanda i mjölblandningen

e) Vänd degen på mjölat underlag, knåda tills den är slät och elastisk (ca 10 minuter)

f) Lägg degen i en smord skål; täck och låt jäsa på en varm plats tills den fördubblats i storlek (ca 1 - 1 ½ timme)

g) När du har fördubblats, slå ner och forma till scones, lägg i en smord ugnsform

h) Låt jäsa igen tills den fördubblats i storlek (ca 1 timme)

i) Sätt in i en het ugn och grädda 12-20 minuter

25. Banan soja tårta

Ingredienser:

- 1 kopp sojamjöl
- 1 dl vetemjöl
- 1 msk bakpulver
- ½ tsk salt
- 1 tsk kanel eller muskotnöt (valfritt)
- 1 ägg, uppvispat
- 3 matskedar olja
- 1 dl vatten eller mjölk
- 1 tsk vaniljsmak (valfritt)
- 3 bananer (mycket mogna), mosade

Vägbeskrivning:

a) Kombinera mjöl med salt, bakpulver och kryddor (om du använder)

b) Blanda uppvispat ägg, olja, vatten/mjölk och vanilj (om det används) till mosade bananer

c) Kombinera våta och torra blandningar, blanda tills degen bildas

d) Lägg i en smord ugnsform

e) Grädda i ugnen i ca 1 timme

26. Sojakebab

Ingredienser:

- 2 koppar kassavafibrer (beredda enligt nedan)
- 1 kopp sojamjöl
- ¼ tesked salt
- 2 lökar (små), tärnade
- 1 morot (valfritt), tärnad eller riven
- 1 paprika (valfritt), tärnad
- Varm peppar (valfritt), tärnad
- Vatten
- Olja för stekning

Vägbeskrivning:

a) Skala och rengör kassava

b) Använd en mixer, eller mortel och mortelstöt, för att bearbeta kassavan och separera stärkelsen från fibrerna

c) Blanda kassavafibrer med sojabönsmjöl

d) Kombinera resterande ingredienser

e) Tillsätt vatten tills ingredienserna håller ihop

f) Forma till önskade former

g) Stek i olja, ta bort när det är brunt

27. Melass vete bröd

Ingredienser:

- 1 C. Nymalet fullkornsmjöl
- 1 sats Okara
- 2 tsk Jäst
- 2 tsk Vital vetegluten
- 1 tsk brödförstärkare
- 1 msk sorghummelass
- 1 msk kärnmjölkspulver
- 1 tsk sojabönolja (valfritt)
- sojamjölk

Vägbeskrivning:

a) Kombinera alla ingredienser för att skapa en tjock slurry ungefär som en pannkakssmet. Om sojamjölken är kall, värm den innan du tillsätter den för snabbare jästverkan.

b) Låt jäsa i bunken tills det är som en svamp och bubbligt och lätt vid omrörning.

c) När svampen är klar, rör ner oblekt vitt mjöl tills degen går att knåda och knåda i flera minuter för att skapa en god känsla.

d) Låt jäsa i bunken tills den är ungefär dubbelt så stor, slå ner och tillsätt lagom med mjöl så att du knådar degen igen utan att den blir för kladdig.

e) Forma degen till ett block ungefär lika stort som din brödform, smörj formen och lägg degen i formen.

f) Forma kanterna med fingrarna så att degen fyller formen jämnt. Låt jäsa igen tills degen når nästan till överkanten av formen. Sätt in i en kall ugn, ställ in ugnstemperaturen på 350 F. och grädda brödet tills det fått lite färg och brödet låter ihåligt när du tar bort det från pannan och knackar på botten.

g) Detta tar cirka 50 till 60 minuter men tiden kan variera beroende på ingrediensernas temperatur.

h) Torka av toppen med smör eller margarin medan limpan är varm för att skapa en mycket mjuk konsistens

SOJA OKARA RÄTTER

28. Okara Mochi

Ingredienser:

- 1/2 c. okara
- 1/2 c. pilrotspulver
- 1/4 c. sojamjölk eller vatten
- 1/2 t. salt-

Vägbeskrivning:

a) Blanda ingredienserna och knåda lite.

b) Olja en stekpanna, förvärm till medelhög, tillsätt mochi och stek på båda sidor tills utsidan stelnar.

c) Sänk värmen till medel-låg och koka tills den är brun på båda sidor och sliskig inuti som mochi.

d) Ta bort från pannan och squash med framsidan av ätpinnar till en blandning av lika delar sojasås och honung

29. Mandelkakor

Ingredienser:

- 1 c. okara
- 1 c. fullkornsmjöl
- 1/4 c. olja
- 2/3 c. honung
- 2 t. mandelextrakt
- 1/2 t. bikarbonat

Vägbeskrivning:

a) Värm ugnen till 350° F. Kombinera flytande ingredienser med bakpulver och tillsätt snabbt till mjöl och okara.

b) Släpp med matskedar eller glassskopa på oljad eller sprayad plåt och platta till 1/2" tjocklek.

c) Placera hel eller strimlad mandel (rå är förmodligen bättre för detta) i mitten av varje kaka och grädda 12 - 15 minuter tills den är gyllenbrun.

d) Gör 18 kakor.

30. Okara "Chicken" Strips

Ingredienser:

- En 6 oz burk tomatpuré
- valfria kryddor
- 3 koppar snabb havre.

Vägbeskrivning:

a) Blanda okara, tomatpuré och kryddor i en stor skål. Tillsätt havregryn en kopp i taget, den sista koppen måste du blanda med händerna.

b) Blanda väl. Forma till tunna remsor (3 tum långa och 3/4 tum tjocka)

c) Du kan tillaga dem på två sätt: Grädda dem i 350 graders ugn i 30 - 45 minuter. Eller hetta upp lite olja i en stekpanna på medelvärme. Doppa ränder i sojamjölk och rulla sedan i mjöl. Koka i stekpanna, vänd en gång tills den är gyllenbrun. Låt rinna av på hushållspapper.

d) Servera med ketchup och honungssenap.

31. Orange sojamjölksmoothie

Ingredienser:

- Två koppar sojamjölk
- ½ kopp mindre eller mer fryst apelsinjuice
- En tesked citronsaft
- Socker efter önskemål
- Isbitar efter önskemål

Vägbeskrivning:

a) Blanda alla ingredienser, utom is, i en elektrisk mixer. Mixa tills det är slätt.

b) Tillsätt is och blanda ytterligare 15-30 sekunder.

c) Häll upp i glas och njut.

32. Black Bean hamburgare

Ingredienser:

- 1 1-lb burk svarta bönor, avrunna och lätt krossade.
- 2 msk riven lök
- 2 rivna vitlöksklyftor
- 1/2 morot riven
- 1/2 tsk salt
- ca 1 dl smaksatt brödsmulor
- olja för matlagning

Vägbeskrivning:

a) blanda okara och bönor och mosa bönorna något. Tillsätt resten av ingredienserna, använd bara tillräckligt med brödsmulor för att göra en styv "deg" som håller cirka 2 matskedar brödsmulor åt sidan.

b) Forma till biffar och platta till, täck med extra ströbröd och stek i en het stekpanna i oljan.

c) Detta kan bakas i ugnen och eventuellt sprayas med valfri olja.

d) Servera med din favoritdippsås, eller min favorit, salsa. Lägg till en sallad och du har en hälsosam fiberfylld middag.

SOJADRESSINGAR & SÅSER

33. Soja Bolognese sås

Ingredienser:

- 1 dl torr sojafärs
- 2 msk sojasås
- 2 matskedar vinäger
- 1 dl kokande vatten
- 1 matsked olja
- 2 tsk senapsfrön
- 1 tsk chilipulver
- 1 tsk garam masala
- 1/4 gul paprika, tärnad
- 1/4 röd paprika, tärnad
- 50 g skivad svamp
- 1 liten brinjal, tärnad (valfritt)
- 1/2 kopp frysta ärtor (valfritt)
- 1 kopp kallt vatten
- 1 1/2 tsk salt
- 140g burk tomatpuré

- 1 msk farinsocker

Vägbeskrivning:

a) Lägg sojafärs i en skål.

b) Blanda sojasås, vinäger och kokande vatten. Häll över färs och låt stå.

c) Värm olivolja i grytan.

d) Tillsätt senapsfrön och garam masala.

e) När frön poppar tillsätt chilipulver.

f) Tillsätt grönsakerna och fräs i några minuter. Tillsätt sojafärs och fräs en stund. Tillsätt en kopp vatten och tomatpuré. Koka i 15 – 20 minuter.

g) Tillsätt till sist socker.

34. Sojabönpastej

Utbyte: 4 portioner

Ingredienser:

- 1 kopp sojabönor, blötlagda
- 1 medelstor lök, finhackad
- 1 msk olivolja
- 2 matskedar tomatpuré
- 2 msk svarta oliver, urkärnade och hackade
- 2 msk persilja, hackad
- 1 nypa salt
- 1 msk sesamfrön, lätt rostade

Vägbeskrivning:

a) Häll av bönorna, täck med färskt vatten och koka upp. Koka hårt i 10 minuter, minska värmen, täck och låt sjuda tills de är mjuka, cirka 2 timmar, beroende på bönornas ålder. Häll av och ställ åt sidan. När den svalnat, mosa.

b) Hetta upp olivolja och fräs löken tills den är väldigt mjuk, 10 minuter. Lägg till de mosade sojabönorna. Rör ner tomatpuré, oliver, persilja, salt vid behov & sesamfrön.

c) Häll upp i ett serveringsfat och kyl i minst 30 minuter innan servering. Servera med kex eller rostat bröd skivat i fingrarna.

35. Sojaböndopp med oliv & citron

Utbyte: 4 portioner

Ingredienser:

- 8 uns sojabönor, blötlagda
- 6 matskedar olivolja
- 2 lökar, hackade
- 2 msk olivolja
- 3 matskedar citronsaft
- 5 matskedar citronsaft
- 1 tsk flytande sötningsmedel
- Salt att smaka
- 3 msk persilja, hackad
- 1 tsk paprika

Vägbeskrivning:

a) DIP: Skölj sojabönorna, täck med färskt vatten och koka i 2 timmar eller tills de är mjuka. Häll av och ställ åt sidan.

b) Hetta upp oljan i en panna och fräs löken tills den är mjuk, 5 minuter. Lägg löken & oljan i en mixer med de kokta bönorna, citronsaft, sötningsmedel & salt. Mixa tills det är slätt. Överför dippen till en serveringsskål.

c) GARNERING: Blanda alla ingredienser och ringla blandningen över dippen. Servera omedelbart.

36. Sojabönor hummus

Utbyte: 1 portioner

Ingredienser:

- 1 kopp torra sojabönor - blötlagda och avrunna
- 3 matskedar citronsaft
- ¼ kopp olivolja
- 2 msk hackad färsk persilja
- 1 vitlöksklyfta
- Salt och peppar

Vägbeskrivning:

a) Mosa alla ingredienser i en matberedare tills de är slät.

b) Njut av.

37. Soja- och sesamfröndressing

Utbyte: 6 portioner

Ingredienser:

- $\frac{3}{8}$ pint Niban Dashi
- 1 nypa MSG
- $\frac{1}{4}$ tesked sojasås
- 1 nypa salt
- $2\frac{1}{2}$ tesked socker
- $1\frac{1}{2}$ tesked Sake
- $1\frac{1}{2}$ uns vita sesamfrön, malda
- $1\frac{1}{2}$ tesked socker
- $2\frac{1}{2}$ matsked Sake
- 5 tsk sojasås

Vägbeskrivning:

a) Värm Sake till ljummen över hög värme. Tänd Sake och låt brinna tills lågan dör ut.

b) Häll Sake i en liten skål och låt svalna till rumstemperatur.

c) Tillsätt alla ingredienser och blanda noggrant.

SOJA UNDERBAR

38. Tuggiga kakor

Ingredienser:

- Sojamjölk, 2 koppar
- Florsocker, ¾ kopp
- Kakaopulver, 2 matskedar
- Självhöjande mjöl, 5 matskedar
- Äggvita, 2
- Mandel, hackad, 60 g

Vägbeskrivning:

a) Värm ugnen till 200°C.

b) Klä och smörj bakplåtar lätt.

c) Sikta ihop sojamjölk, florsocker, kakaopulver och självjäsande mjöl.

d) Vispa äggvitorna i en bunke med en stavmixer eller elmixer på medelhastighet tills den blir hård, vänd sedan ner blandningen tills den är väl blandad.

e) Vänd ner den hackade mandeln.

f) Lägg cirka 20 rundade matskedar kakdeg på den lätt smorda plåten, 5 cm från varandra.

g) Grädda varje plåt med kakor i cirka 15 minuter eller tills kakorna är lätt bruna och fasta.

h) Ta bort kakorna från plåten och svalna på ett bakställ eller hushållspapper.

i) När de svalnat, förvara kakorna i en lufttät behållare.

39. Havrekakor

Ingredienser:

- Sojamjölk, 1½ dl
- Varmvatten, 1/3 kopp
- Margarin (mjölkfri), 84 g
- Farinsocker, 68 g
- Ägg, 1
- Vaniljessens, 1 tsk
- Vaniljessens, 1 kopp
- Självjäsande mjöl, 63 g
- Bakpulver, 1/4 tesked
- Kanel, 1/4 tesked
- russin, 83 g
- Mandel, hackad, 60 g

Vägbeskrivning:

a) Smörj kakplåtar lätt.

b) Blanda sojamjölk och varmt vatten.

c) Blanda samman den förberedda sojamjölken, margarinet, farinsockret, ägget och vaniljessensen i en skål med en elektrisk mixer på hög hastighet tills det blandas.

d) Blanda ihop havregryn, självjäsande mjöl, bakpulver och kanel och lägg i blandningen. Blanda på låg hastighet tills det är blandat. Rör ner russin och mandel.

e) Placera rundade matskedar kakdeg på det lätt smorda plåten, 2 tum från varandra.

f) Grädda kakorna i 180°C i 12 minuter, eller tills de fått lite färg.

g) Ta bort kakorna och kyl dem på ett bakställ eller hushållspapper.

h) När de svalnat, förvara kakorna i en lufttät behållare.

40. Fruktiga tarteletter

Ingredienser:

- Sojamjölk, 6 koppar
- Vatten, 240 ml
- Majsmjöl, 1 ½ msk
- Socker, 2 matskedar
- Ätbar gul mat, 1 droppe färg
- Vaniljessens, ½ tesked
- Mini tartelettfodral, 15
- Färska fruktskivor för garnering

Vägbeskrivning:

a) I en tjockbottnad panna, blanda ihop sojamjölk, vatten, majsmjöl, socker, matfärg och vaniljessens.

b) Värm försiktigt blandningen, rör om hela tiden på låg värme, tills vaniljsåsen tjocknar.

c) Häll över vaniljsås i minitarteletterna.

d) Tjäna; toppad med skivor av färsk frukt.

41. Choklad vaniljsås

Ingredienser:

- Sojamjölk, 6 koppar
- Vatten, 240 ml
- Majsmjöl, 1 ½ msk
- Socker, 2 matskedar
- Kakaopulver, 1 matsked
- Mini tartelettfodral, 15
- Mandel, finhackad

Vägbeskrivning:

a) Blanda sojamjölk, vatten, majsmjöl, socker och kakaopulver i en tjockbottnad kastrull.

b) Värm försiktigt blandningen, rör om hela tiden på låg värme, tills vaniljsåsen tjocknar.

c) Häll upp vaniljsåsen i individuella bägare eller minitarteletterna.

d) Tjäna; toppad med hackad mandel.

42. Shrooms Soppa

Ingredienser:

- Sojamjölk, 4 koppar
- Varmvatten, 1 kopp
- Kycklingfond, 1 ½ dl
- Knappsvamp, 200 g
- Shiitakesvamp, 100 g
- Ostronsvamp, 80 g
- Margarin, 1 matsked
- Salt

Vägbeskrivning:

a) Blanda sojamjölk och varmt vatten.

b) Koka upp kycklingfonden i en kastrull.

c) Skiva svampen i mindre bitar.

d) Tillsätt svampen och margarinet i fonden. Låt det puttra i ca 10 minuter.

e) Tillsätt gradvis den beredda sojamjölken i den kokande fonden, rör hela tiden.

f) Ta soppan från elden och kyl den.

g) Använd en mixer och mixa soppan tills den är slät.

h) Värm upp den igen och häll i serveringsskålar. Garnera om så önskas.

i) Servera soppan direkt.

43. Huat Kueh

Ingredienser:

- Huat kueh pulver, 500 g
- Sojamjölk, 6 koppar
- Vatten, 240 ml
- Karamellfärg
- Matsmaksättning

Vägbeskrivning:

a) Blanda huat kueh-pulvret med sojamjölk och vatten.

b) Blanda väl.

c) Sätt en ångkokare att koka.

d) Häll blandningen i 12 minipappersmuggar.

e) Ånga i 30 till 45 minuter tills ett spett som sticks in i kuehs kommer ut rent.

f) Ta ut kuehs från ångkokaren och låt dem svalna innan servering.

g) Servera med kokosbitar och brunt socker

44. Riskaka

Ingredienser:

- Vanligt rismjöl, 1 kopp
- Sojamjölk, ¼ kopp
- Socker, 2 matskedar
- Torrjäst, ½ tesked
- Sodabikarbonat, ½ tesked
- Vatten, 125 ml
- russin, 28 g

Vägbeskrivning:

a) Blanda ihop rismjölet med sojamjölk, socker, jäst och sodabikarbonat.

b) Tillsätt vatten och blanda väl till en smet.

c) Låt blandningen jäsa i 1 timme.

d) Lägg i russinen.

e) Sätt en ångkokare att koka.

f) Häll blandningen i 12 minipappersmuggar.

g) Ånga i 30 till 45 minuter tills ett spett som sticks in i riskakorna kommer ut rent.

h) Ta bort riskakorna från ångkokaren och låt dem svalna innan servering.

45. Honung tranbärsscones

Ingredienser:

- Självhöjande mjöl, 2 dl
- Blandad krydda, 1 tsk
- Socker, 2 matskedar
- Margarin (mjölkfri), 90 g
- Sojamjölk, 3 koppar
- Vatten, 50 ml
- Älskling, 2 matskedar
- Torkade tranbär, 2 matskedar

Vägbeskrivning:

a) Värm ugnen till 200°C.

b) Klä och smörj en bakplåt lätt.

c) Sikta ihop mjöl och krydda.

d) Blanda i sockret.

e) Gnid in margarinet tills det liknar brödsmulor.

f) Blanda sojamjölk med vatten.

g) Tillsätt honung och den beredda sojamjölken och blanda till en mjuk deg.

h) Lägg i tranbär.

i) Vänd ut degen på ett lätt mjölat bord. Knåda degen tills den är slät.

j) Kavla ut degen lätt till ca 2 cm tjocklek.

k) Klipp ut 12 scones.

l) Lägg dem på den lätt smorda bakplåten.

m) Grädda sconesen på ett lågt galler i 15 till 20 minuter tills de blir gyllenbruna.

46. Soufflé

Ingredienser:

- Sojamjölk, 6 koppar
- Kokt kyld, ¾ kopp vatten
- Orange gelékristaller, 1 paket, 90 g
- Varmvatten, 1 kopp
- Mandarin, 60 g

Vägbeskrivning:

a) Blanda samman sojamjölk med tidigare kokt kylt vatten.

b) Rör om väl och kyl i kylen.

c) Blanda gelékristaller med varmt vatten.

d) Rör om väl tills kristallerna löser sig.

e) Häll blandningen i en glasskål och låt den stå kallt i frysen tills blandningen nästan stelnat.

f) Ta ut blandningen från frysen och vispa den med den förberedda sojamjölken tills blandningen blir skum.

g) Sätt tillbaka blandningen i kylen för att stelna.

h) Servera med apelsinsegment.

47. Mango gelé

Ingredienser:

- Gelatin, 4 teskedar
- Varmt vatten, ½ kopp
- Sojamjölk, 6 koppar
- Mango, 1-2
- Vatten, 125 ml
- Socker, 2 matskedar
- Citronsaft, 2 matskedar

Vägbeskrivning:

a) Blanda ihop gelatin och varmt vatten.

b) Rör om väl tills det lösts upp.

c) Använd en matberedare och blanda ihop det förberedda gelatinet, sojamjölken, mangoskivorna, vatten, socker och citronsaft.

d) Häll blandningen i en gelébunke och låt stelna i kylen.

e) Servera med färsk frukt om så önskas.

48. Fruktig shake

Ingredienser:

- Sojamjölk,   6 koppar
- Valfri fruktjuice,   1 kopp

Vägbeskrivning:

a) Blanda samman fruktjuice och sojamjölkspulver.

b) Servera omedelbart.

49. Isglass

Ingredienser:

- Gelatin, 4 teskedar
- Varmvatten, 60 ml
- Sojamjölk,   8koppar
- Valfri frukt,   100 g
- Vatten, 400 ml
- Socker, 1 matsked
- Karamellfärg
- Matsmaksättning

Vägbeskrivning:

a) Blanda ihop gelatin och varmt vatten.

b) Rör om väl tills det lösts upp.

c) Ställ åt sidan i 15 minuter.

d) Blanda ihop resten av ingredienserna och blanda väl.

e) Tillsätt det förberedda gelatinet i blandningen och rör om väl.

f) Häll blandningen i formar och låt dem stå i frysen.

50. Hallon sojaglass

Ingredienser

- 1 liter osötad sojamjölk
- 2/3 kopp honung
- 2 tsk vaniljextrakt
- 2/3 kopp tjock grekisk yoghurt
- 2 dl frysta hallon

Vägbeskrivning:

a) Kombinera sojamjölk, honung och vanilj i en stor kastrull och värm i cirka 5 minuter, rör om ofta för att lösa upp sockret i sojamjölken. Ta av från värmen, tillsätt yoghurt och hallon och överför blandningen till en mixer och, i omgångar om det behövs, mixa tills den är slät.

b) Slå på din glassmaskin och häll långsamt den lena sojamjölken och hallonblandningen i maskinen; kärna tills den har konsistensen som mjukglass, ca 45 minuter. Häll omedelbart i en stor förslutbar behållare, tryck plastfolie på ytan av glassen, förslut behållaren och frys i minst flera timmar.

c) Ta ut ur frysen och låt stå i 10 minuter innan du öser upp.

TOFU RÄTTER

51. Bean Curd med ostronsås

Ingredienser:

- 8 uns ostmassa
- 4 uns färska svampar 6 salladslökar
- 3 stjälkar selleri
- röd eller grön paprika
- matskedar vegetabilisk olja 1/2 kopp vatten
- matsked majsstärkelse
- matskedar ostronsås 4 tsk torr sherry
- 4 tsk sojasås

Vägbeskrivning:

a) Skär ostmassan i 1/2 tums tärningar. Rensa svampen och skär i skivor. Skär lök i 1 tums bitar. Skär selleri i 1/2 tum diagonala skivor. Ta bort frön från peppar och skär peppar i 1/2 tums bitar.

b) Värm 1 matsked av oljan i wok på hög värme. Koka ostmassan i oljan, rör försiktigt, tills den är ljusbrun, 3 minuter. Ta bort från pannan.

c) Värm återstående 1 msk olja i wok på hög värme. Tillsätt svamp, lök, selleri och peppar, fräs i 1 minut.

d) Återgå till woken. Kasta lätt för att kombinera. Blanda vatten, majsstärkelse, ostronsås, sherry och soja. Häll över blandningen i wok. Laga mat och

e) rör om tills vätskan kokar. Koka och rör om 1 minut längre.

52. Friterad tofu

Ger 2¾ koppar

Ingredienser:

- 1 block fast tofu
- ¼ kopp majsstärkelse
- 4-5 dl olja för fritering

Vägbeskrivning:

a) Häll av tofun och skär i tärningar. Klä med majsstärkelsen.

b) Tillsätt olja i en förvärmd wok och värm till 350°F. När oljan är varm, tillsätt tofurutorna och fritera tills de blir gyllene. Låt rinna av på hushållspapper.

c) Denna välsmakande och näringsrika shake är ett perfekt frukost- eller eftermiddagsmellanmål. För extra smak, tillsätt säsongens bär.

53. Fermenterad bönmassa med spenat

Ingredienser:

- 5 dl bladspenat
- 4 tärningar fermenterad bönmassa med chili
- En nypa pulver med fem kryddor (mindre än ⅛ tesked)
- 2 msk olja för stekning
- 2 vitlöksklyftor, hackade

Vägbeskrivning:

a) Blanchera spenaten genom att sänka bladen kort i kokande vatten. Häll av ordentligt.

b) Mosa de jästa tofutärningarna och blanda i femkryddspulvret.

c) Tillsätt olja i en förvärmd wok eller stekpanna. När oljan är varm, tillsätt vitlöken och fräs en kort stund tills den är aromatisk. Tillsätt spenaten och fräs i 1-2 minuter. Tillsätt den mosade bönmassan i mitten av woken och blanda med spenaten.

d) Koka igenom och servera varm.

54. Stuvad tofu

Ingredienser:

- 1 pund nötkött
- 4 torkade svampar
- 8 uns pressad tofu
- 1 kopp lätt sojasås
- $\frac{1}{4}$ kopp mörk sojasås
- $\frac{1}{4}$ kopp kinesiskt risvin eller torr sherry
- 2 msk olja för stekning
- 2 skivor ingefära
- 2 vitlöksklyftor, hackade
- 2 koppar vatten
- 1 stjärnanis

Vägbeskrivning:

a) Skär nötköttet i tunna skivor. Blötlägg den torkade svampen i varmt vatten i minst 20 minuter för att mjukna. Krama försiktigt för att ta bort överflödigt vatten och skiva.

b) Skär tofun i $\frac{1}{2}$-tums tärningar. Kombinera den ljusa sojasåsen, mörk sojasås, Konjac risvin, vitt och brunt och ställ åt sidan.

c) Tillsätt olja i en förvärmd wok eller stekpanna. När oljan är varm, tillsätt ingefäraskivorna och vitlöken och fräs en kort stund tills den är aromatisk. Tillsätt nötköttet och koka tills det får färg. Innan nötköttet har kokat klart, tillsätt tofutärningarna och stek kort.

d) Tillsätt såsen och 2 dl vatten. Tillsätt stjärnanisen. Koka upp, sänk sedan värmen och låt sjuda. Efter 1 timme, tillsätt de torkade svamparna. Sjud i ytterligare 30 minuter, eller tills vätskan reducerats. Ta om så önskas bort stjärnanisen innan servering.

55. Kinesiska nudlar i jordnöts-sesamsås

Ingredienser:

- 1 lb. nudlar i kinesisk stil
- 2 msk mörk sesamolja

Klä på sig:

- 6 matskedar jordnötssmör 1/4 kopp vatten
- 3 msk ljus sojasås 6 msk mörk sojasås
- 6 matskedar tahini (sesampasta)
- 1/2 kopp mörk sesamolja 2 matskedar sherry
- 4 tsk risvinsvinäger 1/4 kopp honung
- 4 medelstora vitlöksklyftor, hackade
- 2 tsk finhackad färsk ingefära
- 2-3 matskedar pepparolja (eller mängd efter eget tycke) 1/2 dl varmt vatten

Garnering:

- 1 morot, skalad
- 1/2 fast medelstor gurka, skalad, kärnade och skuren 1/2 kopp rostade jordnötter, grovt hackade
- 2 salladslökar, tunt skivade

Vägbeskrivning:

a) Koka nudlar i en stor kastrull med kokande vatten på medelvärme. Koka tills de knappt är mjuka och fortfarande är fasta. Häll av omedelbart och skölj med kallt vatten tills det är kallt. Låt rinna av väl och släng nudlar med (2 matskedar) mörk sesamolja så att de inte klibbar ihop.

b) FÖR DRESSING: Blanda alla ingredienser utom varmt vatten i en mixer och mixa tills det är slätt. Späd med varmt vatten till konsistensen av vispgrädde.

c) För garnering, skala köttet av moroten i korta spån ca 4" långa. Placera i isvatten i 30 minuter för att locka. Strax före servering, släng nudlar med sås.

d) Garnera med gurka, jordnötter, salladslök och morotsslingor. Servera kall eller rumstemperatur.

56. Mandarin nudlar

Ingredienser:

- torkade kinesiska svampar
- 1/2 pund färska kinesiska nudlar 1/4 kopp jordnötsolja
- matsked hoisinsås 1 matsked bönsås
- matskedar Risvin eller torr sherry 3 matskedar lätt sojasås
- eller honung
- 1/2 kopp reserverad svampblötläggningsvätska 1 tsk chilipasta
- 1 msk majsstärkelse
- 1/2 röd paprika - i 1/2 tums kuber
- 1/2 8 ounce burk hela bambuskott, skurna i 1/2 i kuber sköljda och avrunna 2 dl böngroddar
- salladslök -- tunt skivad

Vägbeskrivning:

a) Blötlägg de kinesiska svamparna i 1 1/4 koppar varmt vatten i 30 minuter. Medan de blötläggs, koka upp 4 liter vatten och koka nudlarna i 3 minuter. Dränera och släng med 1 matsked jordnötsolja; avsätta.

b) Ta bort svampen; sila och reservera 1/2 kopp av blötläggningsvätskan till såsen.

c) Putsa och kassera svampstjälkarna; hacka mössorna grovt och ställ åt sidan.

d) Kombinera ingredienserna till såsen i en liten skål; avsätta. Lös upp majsstärkelsen i 2 matskedar kallt vatten; avsätta.

e) Placera woken på medelhög värme. När det börjar ryka, tillsätt de återstående 3 matskedarna jordnötsolja, sedan svampen, röd paprika, bambuskott och böngroddar. Woka i 2 minuter.

f) Rör om såsen och tillsätt den i woken och fortsätt att steka tills blandningen börjar koka, cirka 30 sekunder.

g) Blanda den upplösta majsstärkelsen och tillsätt den i woken. Fortsätt att röra tills såsen tjocknar, ca 1 minut. Tillsätt nudlarna och rör tills de är genomvärmda, cirka 2 minuter.

h) Lägg över på ett serveringsfat och strö över den skivade salladslöken. Servera omedelbart

57. Bean Curd med bönsås och nudlar

Ingredienser:

- 8 uns färska Peking-stil nudlar
- 1 12-ounce blockfast tofu
- 3 stora stjälkar bok choy OCH 2 salladslökar
- ⅓ kopp mörk sojasås
- 2 msk svartbönsås
- 2 tsk kinesiskt risvin eller torr sherry
- 2 tsk svart risvinäger
- ¼ tesked salt
- ¼ tsk chilipasta med vitlök
- 1 tsk Hot Chili Oil
- ¼ tesked sesamolja
- ½ kopp vatten
- 2 msk olja för stekning
- 2 skivor ingefära, finhackad
- 2 vitlöksklyftor, hackade
- ¼ av en rödlök, hackad

Vägbeskrivning:

a) Koka nudlarna i kokande vatten tills de är mjuka. Häll av ordentligt. Häll av tofun och skär i tärningar.

b) Koka upp bok choy genom att sänka den kort i kokande vatten och rinna av ordentligt. Separera stjälkarna och bladen. Skär salladslöken på diagonalen i 1-tums skivor.

c) Kombinera den mörka sojasåsen, svartbönsåsen, Konjac-risvin, svart risvinäger, salt, chilipasta med vitlök, Hot Chili Oil, sesamolja och vatten. Avsätta.

d) Tillsätt olja i en förvärmd wok eller stekpanna. När oljan är varm, tillsätt ingefära, vitlök och salladslök.

e) Fräs en kort stund tills den är aromatisk. Tillsätt rödlöken och fräs en kort stund.

f) Tryck upp till sidorna och lägg till bok choy stjälkarna. Tillsätt bladen och fräs tills bok choy är ljust grön och löken är mjuk. Om så önskas, krydda med $\frac{1}{4}$ tesked salt

g) Tillsätt såsen i mitten av woken och låt koka upp. Tillsätt tofun. Sjud i några minuter för att låta tofun absorbera såsen.

h) Tillsätt nudlarna. Blanda allt och servera varmt.

58. Tofu fylld med räkor

Ingredienser:

- ½ pund fast tofu
- 2 uns kokta räkor, skalade och deveinerade
- ⅛ tesked salt
- Peppar efter smak
- ¼ tesked majsstärkelse
- ½ dl kycklingbuljong
- ½ tsk kinesiskt risvin eller torr sherry
- ¼ kopp vatten
- 2 msk ostronsås
- 2 msk olja för stekning
- 1 grön lök, skuren i 1-tums bitar

Vägbeskrivning:

a) Häll av tofun. Tvätta räkorna och torka dem med hushållspapper. Marinera räkorna i salt, peppar och majsstärkelse i 15 minuter.

b) Håll klyven parallellt med skärbrädan och skär tofun på mitten på längden. Skär varje halva i 2 trianglar, skär sedan varje triangel i ytterligare 2 trianglar. Du bör nu ha 8 trianglar.

c) Skär en skåra på längden på ena sidan av tofun. Stoppa ¼–½ tesked av räkorna i skåran.

d) Tillsätt olja i en förvärmd wok eller stekpanna. När oljan är varm, tillsätt tofun. Bryn tofun i cirka 3–4 minuter, vänd på den minst en gång och se till att den inte fastnar i botten av woken.

e) Tillsätt kycklingbuljongen, konjac-risvin, vatten och ostronsås i mitten av woken.

f) Koka upp. Sänk värmen, lock och låt sjuda i 5–6 minuter. Rör ner salladslöken. Servera varm.

59. Bean Curd med Szechuan Grönsak

Ingredienser:

- 7 uns (2 block) pressad ostmassa
- ¼ kopp konserverad Szechuan grönsak
- ½ dl kycklingfond eller buljong
- 1 tsk kinesiskt risvin eller torr sherry
- ½ tsk sojasås
- 4-5 dl olja för stekning

Vägbeskrivning:

a) Värm minst 4 koppar olja i en förvärmd wok till 350°F. Medan du väntar på att oljan ska hetta skär du den pressade bönmassan i 1-tums kuber.

b) Hacka Szechuan-grönsaken i tärningar. Kombinera kycklingfonden och risvinet och ställ åt sidan.

c) När oljan är varm, tillsätt bönmassatärningarna och fritera tills de blir ljusbruna. Ta ut ur woken med en hålslev och ställ åt sidan.

d) Ta bort allt utom 2 matskedar olja från woken. Tillsätt den konserverade Szechuan-grönsaken. Fräs i 1-2 minuter och tryck sedan upp till sidan av woken. Tillsätt kycklingbuljongblandningen i mitten av woken och låt koka upp.

e) Blanda i sojasåsen. Tillsätt den pressade ostmassan.

f) Blanda ihop allt, låt puttra i några minuter och servera varmt.

60. Bräserad tofu med tre grönsaker

Ingredienser:

- 4 torkade svampar
- ¼ kopp reserverad svampblötläggningsvätska
- ⅔ kopp färska svampar
- ½ dl kycklingbuljong
- 1½ msk ostronsås
- 1 tsk kinesiskt risvin eller torr sherry
- 2 msk olja för stekning
- 1 vitlöksklyfta, finhackad
- 1 kopp babymorötter, halverade
- 2 tsk majsstärkelse blandat med 4 tsk vatten
- ¾ pund pressad tofu, skuren i ½-tums kuber

Vägbeskrivning:

a) Blötlägg den torkade svampen i varmt vatten i minst 20 minuter. Spara ¼ kopp av blötläggningsvätskan. Skiva den torkade och färska svampen.

b) Kombinera den reserverade svampvätskan, kycklingbuljongen, ostronsåsen och Konjac-risvinet. Avsätta.

c) Tillsätt olja i en förvärmd wok eller stekpanna. När oljan är varm, tillsätt vitlöken och fräs en kort stund tills den är aromatisk. Tillsätt morötterna. Fräs i 1 minut, tillsätt sedan svampen och fräs.

d) Tillsätt såsen och låt koka upp. Rör om i majsstärkelse- och vattenblandningen och lägg till såsen, rör om snabbt för att tjockna.

e) Tillsätt tofukuberna. Blanda ihop allt, sänk värmen och låt sjuda i 5-6 minuter. Servera varm.

61. Fläskfyllda tofutrianglar

Ingredienser:

- ½ pund fast tofu
- ¼ pund malet fläsk
- ⅛ tesked salt
- Peppar efter smak
- ½ tsk kinesiskt risvin eller torr sherry
- ½ dl kycklingbuljong
- ¼ kopp vatten
- 2 msk ostronsås
- 2 msk olja för stekning
- 1 grön lök, skuren i 1-tums bitar

Vägbeskrivning:

a) Häll av tofun. Lägg det malda fläsket i en medelstor skål. Tillsätt salt, peppar och konjac-risvin. Marinera fläsket i 15 minuter.

b) Håll klyven parallellt med skärbrädan och skär tofun på mitten på längden. Skär varje halva i 2 trianglar, skär sedan varje triangel i ytterligare 2 trianglar. Du bör nu ha 8 trianglar.

c) Skär en skåra på längden längs en av kanterna på varje tofutriangel. Stoppa en hög ¼ tesked av det malda fläsket i skåran.

d) Tillsätt olja i en förvärmd wok eller stekpanna. När oljan är varm, tillsätt tofun. Om du har rester av malet fläsk, lägg till det också.

e) Bryn tofun i cirka 3-4 minuter, vänd på den minst en gång och se till att den inte fastnar i botten av woken.

f) Tillsätt kycklingbuljongen, vattnet och ostronsåsen i mitten av woken. Koka upp.

g) Sänk värmen, täck över och låt sjuda i 5-6 minuter. Rör ner salladslöken. Servera varm.

62. Tranbärspannkakor med sirap

Gör 4 till 6 portioner

Ingredienser:

- 1 dl kokande vatten
- 1/2 dl sötade torkade tranbär
- 1/2 dl lönnsirap
- 1/4 kopp färsk apelsinjuice
- 1/4 dl hackad apelsin
- 1 msk veganskt margarin
- 1 1/2 dl universalmjöl
- 1 msk socker
- 1 msk bakpulver
- 1/2 tsk salt
- 1 1/2 dl sojamjölk
- 1/4 kopp mjuk sidentofu, avrunnen
- 1 msk raps- eller vindruvsolja, plus mer för stekning

Vägbeskrivning:

a) I en värmesäker skål, häll det kokande vattnet över tranbären och ställ åt sidan för att mjukna, cirka 10 minuter. Häll av väl och ställ åt sidan.

b) I en liten kastrull, kombinera lönnsirap, apelsinjuice, apelsin och margarin och värm på låg värme, rör om för att smälta margarinet. Hålla varm. Värm ugnen till 225°F.

c) I en stor skål, kombinera mjöl, socker, bakpulver och salt och ställ åt sidan.

d) Kombinera sojamjölken, tofun och oljan i en matberedare eller mixer tills den är väl blandad.

e) Häll de våta ingredienserna i de torkade ingredienserna och blanda med några snabba drag. Vänd ner de mjukgjorda tranbären.

f) Värm ett tunt lager olja på medelhög värme på en stekpanna eller stor stekpanna. Häll 1/4 kopp till 1/3 kopp av smeten på den heta grillen. Koka tills små bubblor dyker upp på toppen, 2 till 3 minuter. Vänd pannkakan och koka tills den andra sidan har fått färg, ca 2 minuter längre.

g) Lägg över kokta pannkakor till ett värmesäkert fat och håll varma i ugnen medan du tillagar resten. Servera med apelsin-lönnsirap.

63. Sojaglaserad tofu

Ger 4 portioner

Ingredienser:

- ¼ kopp rostad sesamolja
- ¼ kopp risvinäger
- 1 pund extra fast tofu, avrunnen, skuren i 1/2-tums skivor och pressad
- 2 tsk socker

Vägbeskrivning:

a) Torka tofun torr och arrangera i en 9 x 13 tums ugnsform och ställ åt sidan.
b) Kombinera sojasås, olja, vinäger och socker i en liten kastrull och låt koka upp. Häll den varma marinaden på tofun och ställ åt sidan för att marinera 30 minuter, vänd en gång.
c) Värm ugnen till 350°F. Grädda tofun i 30 minuter, vänd en gång ungefär halvvägs.
d) Servera omedelbart eller låt svalna till rumstemperatur, täck sedan över och kyl tills det behövs.

64. Tofu i Cajun-stil

Ger 4 portioner

Ingredienser:

- 1 pund extra fast tofu, avrunnen och klappad torr
- Salt
- 1 matsked plus 1 tsk Cajun-krydda
- 2 matskedar olivolja
- ¼ kopp finhackad grön paprika
- 1 msk finhackad selleri
- 2 msk hackad salladslök
- 2 vitlöksklyftor, hackade
- 1 (14,5-ounce) burk tärnade tomater, avrunna
- 1 msk sojasås
- 1 msk finhackad färsk persilja

Vägbeskrivning:

a) Skär tofun i 1/2-tums tjocka skivor och strö båda sidor med salt och 1 msk Cajun-krydda. Avsätta.
b) I en liten kastrull, värm 1 matsked av oljan på medelvärme. Tillsätt paprikan och sellerin.
c) Täck över och koka i 5 minuter. Tillsätt salladslöken och vitlöken och koka, utan lock, 1 minut längre.

d) Rör ner tomaterna, sojasåsen, persiljan, den återstående 1 tsk Cajun kryddblandningen och salt efter smak. Sjud i 10 minuter för att blanda smakerna och ställ åt sidan.

e) Värm den återstående 1 msk olja i en stor stekpanna på medelhög värme. Tillsätt tofun och koka tills den fått färg på båda sidor, cirka 10 minuter. Tillsätt såsen och låt sjuda i 5 minuter. Servera omedelbart.

65. Tofu med fräsande kaprissås

Ger 4 portioner

Ingredienser:

- 1 pund extra fast tofu, avrunnen, skuren i 1/4-tums skivor och pressad
- Salt och nymalen svartpeppar
- 2 msk olivolja, plus mer om det behövs
- 1 medelstor schalottenlök, finhackad
- 2 msk kapris
- 3 msk finhackad färsk persilja
- 2 msk veganskt margarin
- Saften av 1 citron

Vägbeskrivning:

a) Värm ugnen till 275°F. Torka tofun och smaka av med salt och peppar. Lägg majsstärkelsen i en grund skål. Muddra tofun i majsstärkelsen, täck alla sidor.
b) I en stor stekpanna, värm 2 matskedar av oljan på medelvärme. Tillsätt tofun, i omgångar om det behövs, och koka tills de är gyllenbruna på båda sidor, cirka 4 minuter per sida.
c) Överför den stekta tofun till ett värmesäkert fat och håll varmt i ugnen.

d) Värm den återstående 1 matskeden av oljan på medelvärme i samma stekpanna. Tillsätt schalottenlöken och koka tills den mjuknat, ca 3 minuter.

e) Tillsätt kapris och persilja och låt koka i 30 sekunder, rör sedan i margarin, citronsaft och salt och peppar efter smak, rör om för att smälta och blanda in margarinet.

f) Toppa tofun med kaprissås och servera genast.

66. Landsstekt tofu med gyllene sås

Ger 4 portioner

Ingredienser:

- 1 pund extra fast tofu, avrunnen, skuren i 1/2-tums skivor och pressad
- Salt och nymalen svartpeppar
- $1/3$ kopp majsstärkelse
- 2 matskedar olivolja
- 1 medelsöt gul lök, hackad
- 2 msk universalmjöl
- 1 tsk torkad timjan
- $1/8$ tesked gurkmeja
- 1 dl grönsaksbuljong
- 1 msk sojasås
- 1 kopp kokta eller konserverade kikärter, avrunna
- 2 msk finhackad färsk persilja

Vägbeskrivning:

a) Torka av tofun och smaka av med salt och peppar. Lägg majsstärkelsen i en grund skål. Muddra tofun i majsstärkelsen, täck alla sidor. Värm ugnen till 250°F.

b) I en stor stekpanna, värm 2 matskedar av oljan på medelvärme. Tillsätt tofun, i omgångar om det behövs, och koka tills den är gyllenbrun på båda sidor, cirka 10 minuter.

c) Överför den stekta tofun till ett värmesäkert fat och håll varmt i ugnen.
d) Värm den återstående 1 matskeden av oljan på medelvärme i samma stekpanna. Tillsätt löken, täck över och koka tills den mjuknat, 5 minuter. Avtäck och sänk värmen till låg.
e) Rör ner mjöl, timjan och gurkmeja och koka i 1 minut under konstant omrörning.
f) Vispa långsamt i buljongen, sedan sojamjölken och sojasåsen. Tillsätt kikärtorna och smaka av med salt och peppar. Fortsätt att laga mat, rör om ofta, i 2 minuter. Överför till en mixer och kör tills den är slät och krämig.
g) Lägg tillbaka till kastrullen och värm tills den är varm, tillsätt lite mer buljong om såsen är för tjock.
h) Häll såsen över tofun och strö över persiljan. Servera omedelbart.

67. Apelsinglaserad tofu och sparris

Ger 4 portioner

Ingredienser:

- 2 msk mirin
- 1 msk majsstärkelse
- 1 (16-ounce) förpackning extra fast tofu, avrunnen och skuren i 1/4-tums remsor
- 2 msk sojasås
- 1 tsk rostad sesamolja
- 1 tsk socker
- 1/4 tsk asiatisk chilipasta
- 2 msk raps- eller vindruvsolja
- 1 vitlöksklyfta, finhackad
- 1/2 tsk malet färsk ingefära
- 5 uns tunn sparris, tuffa ändar klippta och skurna i 11/2-tums bitar

Vägbeskrivning:

a) I en grund skål, kombinera mirin och majsstärkelse och blanda väl. Tillsätt tofun och blanda försiktigt för att täcka. Ställ åt sidan för att marinera i 30 minuter.
b) I en liten skål, kombinera apelsinjuice, sojasås, sesamolja, socker och chilipasta. Avsätta.
c) Värm rapsoljan på medelhög värme i en stor stekpanna eller wok. Tillsätt vitlök och ingefära och fräs tills det doftar, cirka 30 sekunder.

d) Tillsätt den marinerade tofun och sparrisen och fräs tills tofun är gyllenbrun och sparrisen precis mjuk, cirka 5 minuter.

e) Rör ner såsen och koka i ca 2 minuter till. Servera omedelbart.

68. Tofu Pizzaiola

Ger 4 portioner

Ingredienser:

- 2 matskedar olivolja
- 1 (16-ounce) förpackning extra fast tofu, avrunnen, skuren i 1/2-tums skivor och pressad (seLätt grönsaksbuljong)
- Salt
- 3 vitlöksklyftor, hackade
- 1 (14,5-ounce) burk tärnade tomater, avrunna
- 1/4 kopp oljepackade soltorkade tomater, skurna i 1/4-tums remsor
- 1 msk kapris
- 1 tsk torkad oregano
- 1/2 tsk socker
- Nymalen svartpeppar
- 2 msk finhackad färsk persilja, till garnering

Vägbeskrivning:

a) Värm ugnen till 275°F. I en stor stekpanna, värm 1 matsked av oljan på medelvärme. Tillsätt tofun och koka tills den är gyllenbrun på båda sidor, vänd en gång, cirka 5 minuter per sida. Strö tofun med salt efter smak.
b) Överför den stekta tofun till ett värmesäkert fat och håll varmt i ugnen.

c) Värm den återstående 1 msk olja på medelvärme i samma stekpanna. Tillsätt vitlöken och koka tills den mjuknat, ca 1 minut. Bryn inte.
d) Rör ner de tärnade tomaterna, soltorkade tomaterna, oliverna och kaprisen. Tillsätt oregano, socker och salt och peppar efter smak.
e) Sjud tills såsen är varm och smakerna är väl kombinerade, ca 10 minuter.
f) Toppa de stekta tofuskivorna med såsen och strö över persiljan. Servera omedelbart.

69. "Ka-Pow" Tofu

Ger 4 portioner

Ingredienser:

- 1 pund extra fast tofu, avrunnen, klappad torr och skuren i 1-tums kuber
- Salt
- 2 matskedar majsstärkelse
- 2 msk sojasås
- 1 msk vegetarisk ostronsås
- 1 tsk risvinäger
- 1 tsk ljust farinsocker
- 1/2 tsk krossad röd paprika
- 2 msk raps- eller vindruvsolja
- 1 medelsöt gul lök, halverad och skär i 1/2-tums skivor
- medelstor röd paprika, skuren i 1/4-tums skivor
- salladslök, hackad
- 1/2 kopp thailändska basilikablad

Vägbeskrivning:

a) I en medelstor skål, kombinera tofun, salt efter smak och majsstärkelse. Kasta till beläggning och ställ åt sidan.
b) I en liten skål, kombinera sojasås, ostronsås, risvinäger, socker och krossad röd paprika.
c) Rör om väl för att kombinera och ställ åt sidan.

d) I en stor stekpanna, värm 1 matsked av oljan över medelhög värme. Tillsätt tofun och koka tills den är gyllenbrun, cirka 8 minuter. Ta bort från stekpannan och ställ åt sidan.
e) Värm den återstående 1 msk olja på medelvärme i samma stekpanna. Tillsätt löken och paprikan och fräs tills den mjuknat, cirka 5 minuter. Tillsätt salladslöken och koka 1 minut längre.
f) Rör ner den stekta tofun, såsen och basilikan och fräs tills den är varm, cirka 3 minuter. Servera omedelbart.

70. Tofu i siciliansk stil

Ger 4 portioner

Ingredienser:

- 2 matskedar olivolja
- 1 pund extra fast tofu, avrunnen, skuren i 1/4-tums skivor och pressad Salt och nymalen svartpeppar
- 1 liten gul lök, hackad
- 2 vitlöksklyftor, hackade
- 1 (28-ounce) burk tärnade tomater, avrunna
- 1/4 dl torrt vitt vin
- 1/4 tsk krossad röd paprika
- 1/3 kopp urkärnade Kalamata-oliver
- 11/2 msk kapris
- 2 msk hackad färsk basilika eller 1 tsk torkad (valfritt)

Vägbeskrivning:

a) Värm ugnen till 250°F. I en stor stekpanna, värm 1 matsked av oljan på medelvärme. Tillsätt tofun, i omgångar om det behövs, och koka tills de är gyllenbruna på båda sidor, 5 minuter per sida. Krydda med salt och svartpeppar efter smak.

b) Överför den kokta tofun till ett värmesäkert fat och håll varmt i ugnen medan du förbereder såsen.

c) Värm den återstående 1 msk olja på medelvärme i samma stekpanna. Tillsätt löken och vitlöken, täck över och koka tills löken är mjuk, 10 minuter. Tillsätt tomater, vin och krossad röd paprika.
d) Koka upp, sänk sedan värmen till låg och låt puttra utan lock i 15 minuter. Rör ner oliver och kapris. Koka i ytterligare 2 minuter.
e) Lägg upp tofun på ett fat eller enskilda tallrikar. Häll såsen ovanpå. Strö över färsk basilika, om du använder. Servera omedelbart.

71. Thai-Phoon Stir-Fry

Ger 4 portioner

Ingredienser:

- 1 pund extra fast tofu, avrunnen och torkad
- 2 msk raps- eller vindruvsolja
- medelstor schalottenlök, tärnad
- 2 vitlöksklyftor, hackade
- 2 tsk riven färsk ingefära
- 3 uns vita svampmössor, tärnade
- 1 msk krämigt jordnötssmör
- 2 tsk ljust farinsocker
- 1 tsk asiatisk chilipasta
- 2 msk sojasås
- 1 msk mirin
- 1 (13,5-ounce) burk osötad kokosmjölk
- 6 uns hackad färsk spenat
- 1 msk rostad sesamolja
- Nykokt ris eller nudlar, att servera
- 2 msk finhackad färsk thailändsk basilika
- 2 msk krossade osaltade rostade jordnötter
- 2 tsk malet kristalliserad ingefära

Vägbeskrivning:

a) Skär tofun i 1/2-tums tärningar och ställ åt sidan. I en stor stekpanna, värm 1 matsked av oljan över medelhög värme.

b) Tillsätt tofun och fräs tills den är gyllenbrun, cirka 7 minuter. Ta ut tofun från stekpannan och ställ åt sidan.
c) Värm den återstående 1 msk olja på medelvärme i samma stekpanna. Tillsätt schalottenlök, vitlök, ingefära och svamp och fräs tills den mjuknat, cirka 4 minuter.
d) Rör ner jordnötssmör, socker, chilipasta, sojasås och mirin. Rör ner kokosmjölken och blanda tills det är väl blandat. Tillsätt den stekta tofun och spenaten och låt sjuda upp.
e) Sänk värmen till medel-låg och låt sjuda, rör om då och då, tills spenaten vissnat och smakerna är väl blandade, 5 till 7 minuter. Rör ner sesamoljan och låt sjuda ytterligare en minut.
f) För att servera, sked tofublandningen på ditt val av ris eller nudlar och toppa med kokos, basilika, jordnötter och kristalliserad ingefära, om du använder. Servera omedelbart.

72. Chipotle-målad bakad tofu

Ger 4 portioner

Ingredienser:

- 2 msk sojasås
- 2 konserverade chipotle chili i adobo
- 1 msk olivolja
- 1 pund extra fast tofu, avrunnen, skuren i tjocka skivor

Vägbeskrivning:

a) Värm ugnen till 375°F. Olja lätt en 9 x 13-tums bakpanna och ställ åt sidan.
b) I en matberedare, kombinera sojasås, chipotles och olja och bearbeta tills det blandas. Skrapa chipotleblandningen i en liten skål.
c) Pensla chipotleblandningen på båda sidor av tofuskivorna och arrangera dem i ett enda lager i den förberedda pannan.
d) Grädda tills det är varmt, ca 20 minuter. Servera omedelbart.

73. Grillad tofu med tamarindglasyr

Ger 4 portioner

Ingredienser:

- 1 pund extra fast tofu, avrunnen och klappad torr
- Salt och nymalen svartpeppar
- 2 matskedar olivolja
- 2 medelstora schalottenlök, hackade
- 2 vitlöksklyftor, hackade
- 2 mogna tomater, grovt hackade
- 2 matskedar ketchup
- 1/4 kopp vatten
- 2 msk dijonsenap
- 1 msk mörkt farinsocker
- 2 matskedar agave nektar
- 2 msk tamarindkoncentrat
- 1 msk mörk melass
- 1/2 tsk mald cayennepepp
- 1 msk rökt paprika
- 1 msk sojasås

Vägbeskrivning:

a) Skär tofun i 1-tums skivor, krydda med salt och peppar efter smak och ställ åt sidan i en grund ugnsform.

b) Värm oljan på medelvärme i en stor kastrull. Tillsätt schalottenlök och vitlök och fräs i 2 minuter. Tillsätt alla resterande ingredienser, förutom tofun. Sänk värmen till låg och låt sjuda i 15 minuter.
c) Överför blandningen till en mixer eller matberedare och mixa tills den är slät. Återgå till kastrullen och koka 15 minuter längre, ställ sedan åt sidan för att svalna.
d) Häll såsen över tofun och ställ i kylen i minst 2 timmar. Förvärm en grill eller broiler.
e) Grilla den marinerade tofun, vänd en gång, för att bli genomvärmd och bryn fint på båda sidor. Medan tofun grillar, värm marinaden igen i en kastrull.
f) Ta bort tofun från grillen, pensla varje sida med tamarindsåsen och servera omedelbart.

74. Tofu fylld med vattenkrasse

Ger 4 portioner

Ingredienser:

- 1 pund extra fast tofu, avrunnen, skuren i ¾-tums skivor och pressad (seLätt grönsaksbuljong)
- Salt och nymalen svartpeppar
- 1 litet knippe vattenkrasse, sega stjälkar borttagna och hackade
- 2 mogna plommontomater, hackade
- 1/2 dl hackad salladslök
- 2 msk finhackad färsk persilja
- 2 msk finhackad färsk basilika
- 1 tsk finhackad vitlök
- 2 matskedar olivolja
- 1 msk balsamvinäger
- Nyp socker
- 1/2 kopp universalmjöl
- 1/2 dl vatten
- 11/2 dl torrt okryddat brödsmulor

Vägbeskrivning:

a) Skär en lång djup ficka i sidan av varje skiva tofu och lägg tofun på en plåt. Krydda med salt och peppar efter smak och ställ åt sidan.

- b) I en stor skål, kombinera vattenkrasse, tomater, salladslök, persilja, basilika, vitlök, 2 matskedar av oljan, vinäger, socker och salt och peppar efter smak. Blanda tills det är väl blandat, stoppa sedan försiktigt blandningen i tofufickorna.
- c) Lägg mjölet i en grund skål. Häll vattnet i en separat grund skål. Lägg brödsmulorna på en stor tallrik.
- d) Muddra tofun i mjölet, doppa den sedan försiktigt i vattnet och muddra den sedan i brödsmulorna, täck ordentligt.
- e) Värm de återstående 2 msk olja i en stor stekpanna på medelvärme. Tillsätt den fyllda tofun i stekpannan och koka tills den är gyllenbrun, vänd en gång, 4 till 5 minuter per sida.
- f) Servera omedelbart.

75. Tofu med pistage-granatäpple

Ger 4 portioner

Ingredienser:

- 1 pund extra fast tofu, avrunnen, skär i 1/4-tums skivor och pressad (seLätt grönsaksbuljong)
- Salt och nymalen svartpeppar
- 2 matskedar olivolja
- ½ dl granatäpplejuice
- 1 msk balsamvinäger
- 1 msk ljust farinsocker
- 2 salladslökar, hackade
- ½ dl osaltade skalade pistagenötter, grovt hackade
- Krydda tofun med salt och peppar efter smak.

Vägbeskrivning:

a) Värm oljan på medelvärme i en stor stekpanna. Tillsätt tofuskivorna, i omgångar om det behövs, och koka tills de fått lite färg, cirka 4 minuter per sida. Ta bort från stekpannan och ställ åt sidan.

b) Tillsätt granatäpplejuice, vinäger, socker och salladslök i samma stekpanna och låt sjuda på medelvärme i 5 minuter. Tillsätt hälften av pistagenötterna och koka tills såsen tjocknat något, cirka 5 minuter.

c) Lägg tillbaka den stekta tofun i stekpannan och koka tills den är varm, cirka 5 minuter, häll såsen över tofun medan den sjuder.
d) Servera genast, strö över resterande pistagenötter.

76. Spice Island Tofu

Ger 4 portioner

Ingredienser:

- ¹/2 dl majsstärkelse
- ¹/2 tsk finhackad färsk timjan eller 1/4 tsk torkad
- ¹/2 tsk malet färsk mejram eller 1/4 tsk torkad
- ¹/2 tsk salt
- ¹/4 tsk mald cayennepepp
- ¹/4 tsk söt eller rökt paprika
- ¹/4 tsk ljust farinsocker
- ¹/8 tesked mald kryddpeppar
- 1 pund extra fast tofu, avrunnen och skär i 1/2-tums remsor
- 2 msk raps- eller vindruvsolja
- 1 medelstor röd paprika, skuren i 1/4-tums remsor
- 2 salladslökar, hackade
- 1 vitlöksklyfta, hackad
- 1 jalapeño, kärnad och finhackad
- 2 mogna plommontomater, kärnade och hackade
- 1 kopp hackad färsk eller konserverad ananas
- 2 msk sojasås
- ¹/4 kopp vatten
- 2 tsk färsk limejuice
- 1 msk finhackad färsk persilja, till garnering

Vägbeskrivning:

a) Värm ugnen till 250°F.
b) I en grund skål, kombinera majsstärkelse, timjan, mejram, salt, cayenne, paprika, socker och kryddpeppar. Blanda väl. Muddra tofun i kryddblandningen, täck på alla sidor.
c) I en stor stekpanna, värm 2 matskedar av oljan på medelvärme. Tillsätt den muddrade tofun, i omgångar om det behövs och koka tills den är gyllenbrun, cirka 4 minuter per sida.
d) Överför den stekta tofun till ett värmesäkert fat och håll varmt i ugnen.
e) Värm den återstående 1 msk olja på medelvärme i samma stekpanna. Tillsätt paprika, salladslök, vitlök och jalapeño. Täck över och koka, rör om då och då, tills de är mjuka, cirka 10 minuter.
f) Tillsätt tomater, ananas, soja, vatten och limejuice och låt sjuda tills blandningen är varm och smakerna har kombinerats, cirka 5 minuter.
g) Häll grönsaksblandningen över den stekta tofun.
h) Strö över hackad persilja och servera genast.

77. Ingefära tofu med citrus-hoisinsås

Ger 4 portioner

Ingredienser:

- 1 pund extra fast tofu, avrunnen, klappad torr och skär i 1/2-tums kuber
- 2 msk sojasås
- 2 matskedar plus 1 tsk majsstärkelse
- 1 matsked plus 1 tesked raps- eller vindruvsolja
- 1 tsk rostad sesamolja
- 2 tsk riven färsk ingefära
- salladslök, hackad
- 1/3 kopp hoisinsås
- 1/2 dl grönsaksbuljong, hemlagad (seLätt grönsaksbuljong) eller köpt i butik
- 1/4 kopp färsk apelsinjuice
- 11/2 msk färsk limejuice
- 11/2 msk färsk citronsaft
- Salt och nymalen svartpeppar

Vägbeskrivning:

a) Lägg tofun i en grund skål. Tillsätt sojasåsen och blanda till pälsen, strö sedan över 2 matskedar majsstärkelse och blanda till pälsen.
b) I en stor stekpanna, värm 1 matsked rapsolja på medelvärme. Tillsätt tofun och koka tills den är gyllenbrun, vänd då och då, cirka 10 minuter. Ta ut tofun från pannan och ställ åt sidan.

c) Värm den återstående 1 tsk rapsolja och sesamoljan på medelvärme i samma stekpanna. Tillsätt ingefära och salladslök och koka tills det doftar, ca 1 minut. Rör ner hoisinsås, buljong och apelsinjuice och låt koka upp.
d) Koka tills vätskan reducerats något och smakerna har en chans att smälta, cirka 3 minuter.
e) I en liten skål, kombinera den återstående 1 tsk majsstärkelse med limejuice och citronsaft och lägg till såsen, rör om så att den tjocknar något.
f) Krydda med salt och peppar efter smak.
g) Lägg tillbaka den stekta tofun i stekpannan och koka tills den är täckt med såsen och genomvärmd.
h) Servera omedelbart.

78. Tofu med citrongräs och snöärtor

Ger 4 portioner

Ingredienser:

- 2 msk raps- eller vindruvsolja
- 1 medelstor rödlök, halverad och tunt skivad
- 2 vitlöksklyftor, hackade
- 1 tsk riven färsk ingefära
- 1 pund extra fast tofu, avrunnen och skär i 1/2-tums tärningar
- 2 msk sojasås
- 1 msk mirin eller sake
- 1 tsk socker
- 1/2 tsk krossad röd paprika
- 4 uns snöärtor, trimmade
- 1 msk malet citrongräs eller skal av 1 citron
- 2 msk grovmalda osaltade rostade jordnötter, till garnering

Vägbeskrivning:

a) Värm oljan på medelhög värme i en stor stekpanna eller wok. Tillsätt lök, vitlök och ingefära och fräs i 2 minuter. Tillsätt tofun och koka tills den är gyllenbrun, cirka 7 minuter.

b) Rör ner sojasås, mirin, socker och krossad röd paprika. Tillsätt snöärtorna och citrongräset och fräs tills snöärtorna är knapriga och smakerna väl blandade, cirka 3 minuter.

c) Garnera med jordnötter och servera genast.

79. Dubbel-sesamtofu med tahinisås

Ger 4 portioner

Ingredienser:

- ½ kopp tahini (sesampasta)
- 2 matskedar färsk citronsaft
- 2 msk sojasås
- 2 matskedar vatten
- ¼ dl vita sesamfrön
- ¼ dl svarta sesamfrön
- ½ dl majsstärkelse
- 1 pund extra fast tofu, avrunnen, klappad torr och skär i 1/2-tums remsor
- Salt och nymalen svartpeppar
- 2 msk raps- eller vindruvsolja

Vägbeskrivning:

a) I en liten skål, kombinera tahini, citronsaft, sojasås och vatten, rör om för att blanda väl. Avsätta.
b) I en grund skål, kombinera de vita och svarta sesamfröna och majsstärkelsen, rör om för att blanda. Krydda tofun med salt och peppar efter smak. Avsätta.
c) Värm oljan på medelvärme i en stor stekpanna.

d) Mudre tofun i sesamfröblandningen tills den är väl belagd, lägg sedan till den heta stekpannan och koka tills den är brun och krispig överallt, vänd efter behov, 3 till 4 minuter per sida. Var noga med att inte bränna fröna.
e) Ringla över tahinisås och servera genast.

80. Tofu och Edamame gryta

Ger 4 portioner

Ingredienser:

- 2 matskedar olivolja
- 1 medelstor gul lök, hackad
- 1/2 dl hackad selleri
- 2 vitlöksklyftor, hackade
- 2 medelstora Yukon Gold-potatisar, skalade och skurna i 1/2-tums tärningar
- 1 kopp skalad färsk eller fryst edamame
- 2 dl skalad och tärnad zucchini
- 1/2 dl frysta babyärter
- 1 tsk torkad salta
- 1/2 tsk smulad torkad salvia
- 1/8 tesked mald cayennepepp
- 11/2 dl grönsaksbuljong, hemlagad (seLätt grönsaksbuljong) eller i butik Salt och nymalen svartpeppar
- 1 pund extra fast tofu, avrunnen, klappad torr och skär i 1/2-tums tärningar
- 2 msk finhackad färsk persilja

Vägbeskrivning:

a) I en stor kastrull, värm 1 matsked av oljan på medelvärme. Tillsätt lök, selleri och vitlök.

b) Täck över och koka tills det mjuknat, cirka 10 minuter. Rör ner potatis, edamame, zucchini, ärtor, salvia och cayenne. Tillsätt buljongen och låt koka upp. Sänk värmen till låg och smaka av med salt och peppar.

c) Täck över och låt sjuda tills grönsakerna är mjuka och smakerna blandas, cirka 40 minuter.

d) Värm den återstående 1 msk olja i en stor stekpanna på medelhög värme. Tillsätt tofun och koka tills den är gyllenbrun, cirka 7 minuter.

e) Krydda med salt och peppar efter smak och ställ åt sidan. Ca 10 minuter innan grytan är klar, tillsätt den stekta tofun och persiljan.

f) Smaka av, justera kryddor om det behövs och servera omedelbart.

81. Soy-Tan drömKoteletter

Ger 6 portioner

Ingredienser:

- 10 uns fast tofu, avrunnen och smulad
- 2 msk sojasås
- $1/4$ tsk söt paprika
- $1/4$ tsk lökpulver
- $1/4$ tsk vitlökspulver
- $1/4$ tsk nymalen svartpeppar
- 1 kopp veteglutenmjöl (vitalt vetegluten)
- 2 matskedar olivolja

Vägbeskrivning:

a) I en matberedare, kombinera tofun, sojasås, paprika, lökpulver, vitlökspulver, peppar och mjöl. Bearbeta tills det är väl blandat.
b) Överför blandningen till en plan arbetsyta och forma till en cylinder. Dela blandningen i 6 lika stora bitar och platta ut dem till mycket tunna kotletter, inte mer än 1/4 tum tjocka.
c) Värm oljan på medelvärme i en stor stekpanna. Lägg till kotletterna, i omgångar om det behövs, täck över och koka tills de fått fin färg på båda sidor, 5 till 6 minuter per sida.

82. Tofu köttfärslimpa

Gör 4 till 6 portioner

Ingredienser:

- 2 matskedar olivolja
- $2/3$ kopp finhackad lök
- 2 vitlöksklyftor, hackade
- 1 pund extra fast tofu, avrunnen och klappad torr
- 2 matskedar ketchup
- 2 msk tahini (sesampasta) eller krämigt jordnötssmör
- 2 msk sojasås
- $1/2$ dl malda valnötter
- 1 dl gammaldags havre
- 1 kopp veteglutenmjöl (vitalt vetegluten)
- 2 msk finhackad färsk persilja
- $1/2$ tsk salt
- $1/2$ tsk söt paprika
- $1/4$ tsk nymalen svartpeppar

Vägbeskrivning:

a) Värm ugnen till 375°F. Olja lätt en 9-tums brödform och ställ åt sidan.
b) I en stor stekpanna, värm 1 matsked av oljan på medelvärme. Tillsätt löken och vitlöken, täck över och koka tills den mjuknat, 5 minuter.
c) I en matberedare, kombinera tofun, ketchup, tahini och sojasås och bearbeta tills den är slät.

d) Tillsätt den reserverade lökblandningen och alla övriga ingredienser. Pulsera tills det är väl blandat, men med lite konsistens kvar.

e) Skrapa blandningen i den förberedda pannan. Tryck fast blandningen ordentligt i pannan, jämna till toppen.

f) Grädda tills de är fasta och gyllenbruna, ca 1 timme. Låt stå i 10 minuter innan du skär upp.

83. Mycket vaniljfranska toast

Ger 4 portioner

Ingredienser:

- 1 (12-ounce) förpackning fast sidentofu, avrunnen
- 1 1/2 dl sojamjölk
- 2 matskedar majsstärkelse
- 1 msk raps- eller vindruvsolja
- 2 tsk socker
- 1 1/2 tsk rent vaniljextrakt
- 1/4 tsk salt
- 4 skivor dagsgammalt italienskt bröd
- Canola eller druvkärneolja, för stekning

Vägbeskrivning:

a) Värm ugnen till 225°F. I en mixer eller matberedare, kombinera tofun, sojamjölk, majsstärkelse, olja, socker, vanilj och salt och blanda tills det är slätt.
b) Häll smeten i en grund skål och doppa brödet i smeten, vänd så att det täcker båda sidor.
c) Värm ett tunt lager olja på medelvärme på en stekpanna eller stor stekpanna. Placera den franska toasten på den heta grillen och stek tills den är gyllenbrun på båda sidor, vänd en gång, 3 till 4 minuter per sida.

d) Överför den kokta franska toasten till ett värmesäkert fat och håll varmt i ugnen medan du tillagar resten.

84. Sesam-soja frukostpålägg

Gör ca 1 kopp

Ingredienser:

- ½ dl mjuk tofu, avrunnen och klappad torr
- 2 msk tahini (sesampasta)
- 2 msk näringsjäst
- 1 msk färsk citronsaft
- 2 tsk linfröolja
- 1 tsk rostad sesamolja
- ½ tsk salt

Vägbeskrivning:

a) Blanda alla ingredienserna i en mixer eller matberedare och mixa till en slät smet.
b) Skrapa blandningen i en liten skål, täck över och ställ i kylen i flera timmar för att fördjupa smaken.

85. Kylare Med Aurorasås

Ger 4 portioner

Ingredienser:

- 1 msk olivolja
- 3 vitlöksklyftor, hackade
- 3 salladslökar, hackade
- (28-ounce) burk krossade tomater
- 1 tsk torkad basilika
- ½ tsk torkad mejram
- 1 tsk salt
- ¼ tsk nymalen svartpeppar
- ⅓ dl vegansk färskost eller avrunnen mjuk tofu
- 1 pund radiatore eller annan liten, formad pasta
- 2 msk finhackad färsk persilja, till garnering

Vägbeskrivning:

a) Värm oljan på medelvärme i en stor kastrull. Tillsätt vitlöken och salladslöken och koka tills de doftar, 1 minut. Rör ner tomater, basilika, mejram, salt och peppar.
b) Koka upp såsen, sänk sedan värmen till låg och låt sjuda i 15 minuter, rör om då och då.
c) Mixa färskosten i matberedare tills den är slät. Tillsätt 2 dl av tomatsåsen och mixa tills den är

slät. Skrapa tillbaka tofu-tomatblandningen i kastrullen med tomatsåsen, rör om för att blanda. Smaka av, justera kryddor om det behövs. Håll värmen på låg värme.

d) Koka pastan på medelhög värme i en stor kastrull med kokande saltat vatten, rör om då och då, tills den är al dente, cirka 10 minuter.

e) Låt rinna av väl och överför till en stor serveringsskål. Tillsätt såsen och blanda försiktigt för att kombinera. Strö över persilja och servera genast.

86. Klassisk Tofu Lasagne

Ger 6 portioner

Ingredienser:

- 12 uns lasagnenudlar
- 1 pund fast tofu, avrunnen och smulad
- 1 pund mjuk tofu, avrunnen och smulad
- 2 msk näringsjäst
- 1 tsk färsk citronsaft
- 1 tsk salt
- $1/4$ tsk nymalen svartpeppar
- 3 msk finhackad färsk persilja
- $1/2$ dl vegansk parmesan ellerParmasio
- 4 dl marinarasås

Vägbeskrivning:

a) Värm ugnen till 350°F.
b) Koka nudlarna på medelhög värme i en kastrull med kokande saltat vatten, rör om då och då tills de bara är al dente, cirka 7 minuter.
c) Kombinera den fasta och mjuka tofusen i en stor skål. Tillsätt näringsjäst, citronsaft, salt, peppar, persilja och 1/4 kopp parmesan. Blanda tills det är väl blandat.

d) Sked ett lager av tomatsåsen i botten av 9 x 13-tums bakform. Toppa med ett lager av de kokta nudlarna.

e) Fördela hälften av tofublandningen jämnt över nudlarna. Upprepa med ytterligare ett lager nudlar följt av ett lager sås.

f) Bred ut den återstående tofublandningen ovanpå såsen och avsluta med ett sista lager nudlar och sås.

g) Strö över resterande 1/4 kopp parmesan. Om någon sås finns kvar, spara den och servera den varm i en skål vid sidan av lasagnen.

h) Täck med folie och grädda i 45 minuter. Ta av locket och grädda 10 minuter längre. Låt stå i 10 minuter innan servering.

87. Mangold och spenatlasagne

Ger 6 portioner

Ingredienser:

- 12 uns lasagnenudlar
- 1 msk olivolja
- 2 vitlöksklyftor, hackade
- 8 uns färsk röd mangold, sega stjälkar borttagna och grovhackade
- 9 uns färsk babyspenat, grovt hackad
- 1 pund fast tofu, avrunnen och smulad
- 1 pund mjuk tofu, avrunnen och smulad
- 2 msk näringsjäst
- 1 tsk färsk citronsaft
- 2 msk finhackad färsk bladpersilja
- 1 tsk salt
- 1/4 tsk nymalen svartpeppar
- 3 1/2 dl marinarasås, hemlagad eller köpt i butik

Vägbeskrivning:

a) Värm ugnen till 350°F.
b) Koka nudlarna på medelhög värme i en kastrull med kokande saltat vatten, rör om då och då tills de bara är al dente, cirka 7 minuter.

c) Värm oljan på medelvärme i en stor kastrull. Tillsätt vitlöken och koka tills den doftar.

d) Tillsätt mangold och koka, rör om tills vissnat, cirka 5 minuter. Tillsätt spenaten och fortsätt koka, rör om tills den vissnat, ca 5 minuter till.

e) Täck över och koka tills de är mjuka, cirka 3 minuter. Avtäck och ställ åt sidan för att svalna. När den är tillräckligt kall för att hantera, töm bort eventuell återstående fukt från greenerna, tryck mot dem med en stor sked för att pressa ut överflödig vätska. Lägg grönsakerna i en stor skål.

f) Tillsätt tofu, näringsjäst, citronsaft, persilja, salt och peppar. Blanda tills det är väl blandat.

g) Sked ett lager av tomatsåsen i botten av 9 x 13-tums bakform. Toppa med ett lager av nudlarna.

h) Fördela hälften av tofublandningen jämnt över nudlarna. Upprepa med ytterligare ett lager nudlar och ett lager sås.

i) Bred ut den återstående tofublandningen ovanpå såsen och avsluta med ett sista lager nudlar, sås och toppa med parmesan.

j) Täck med folie och grädda i 45 minuter. Ta av locket och grädda 10 minuter längre. Låt stå i 10 minuter innan servering.

88. Rostad grönsakslasagne

Ger 6 portioner

Ingredienser:

- 1 medelstor zucchini, skär i 1/4-tums skivor
- 1 medelstor aubergine, skuren i 1/4-tums skivor
- 1 medelstor röd paprika, tärnad
- 2 matskedar olivolja
- Salt och nymalen svartpeppar
- 8 uns lasagnenudlar
- 1 pund fast tofu, avrunnen, klappad torr och smulad
- 1 pund mjuk tofu, avrunnen, klappad torr och smulad
- 2 msk näringsjäst
- 2 msk finhackad färsk bladpersilja
- 3 1/2 dl marinarasås

Vägbeskrivning:

a) Värm ugnen till 425°F. Sprid zucchini, aubergine och paprika på en lätt oljad 9 x 13-tums bakpanna.

b) Ringla över oljan och smaka av med salt och svartpeppar. Rosta grönsakerna tills de är mjuka och lättbruna, cirka 20 minuter.

c) Ta ut ur ugnen och ställ åt sidan för att svalna. Sänk ugnstemperaturen till 350°F.

d) Koka nudlarna på medelhög värme i en kastrull med kokande saltat vatten, rör om då och då tills de bara är al dente, cirka 7 minuter. Häll av och ställ åt sidan.

e) I en stor skål, kombinera tofun med näringsjäst, persilja och salt och peppar efter smak. Blanda väl.

f) För att montera, sprid ett lager tomatsås i botten av en 9 x 13-tums bakform. Toppa såsen med ett lager nudlar. Toppa nudlarna med hälften av de rostade grönsakerna och fördela sedan hälften av tofublandningen över grönsakerna.

g) Upprepa med ytterligare ett lager nudlar och toppa med mer sås. Upprepa lagringsprocessen med resterande grönsaker och tofublandning, avsluta med ett lager nudlar och sås. Strö parmesan på toppen.

h) Täck och grädda i 45 minuter. Ta av locket och grädda ytterligare 10 minuter. Ta ut ur ugnen och låt stå i 10 minuter innan du skär.

89. Lasagne med Radicchio

Ger 6 portioner

Ingredienser:

- 1 msk olivolja
- 2 vitlöksklyftor, hackade
- 1 litet huvud radicchio, strimlad
- 8 uns cremini-svampar, lätt sköljda, klappade torra och tunt skivade
- Salt och nymalen svartpeppar
- 8 uns lasagnenudlar
- 1 pund fast tofu, avrunnen, klappad torr och smulad
- 1 pund mjuk tofu, avrunnen, klappad torr och smulad
- 3 matskedar näringsjäst
- 2 msk finhackad färsk persilja
- 3 dl marinarasås

Vägbeskrivning:

a) Värm oljan på medelvärme i en stor stekpanna. Tillsätt vitlök, radicchio och svamp.
b) Täck över och koka, rör om då och då, tills de är mjuka, cirka 10 minuter. Krydda med salt och peppar efter smak och ställ åt sidan

c) Koka nudlarna på medelhög värme i en kastrull med kokande saltat vatten, rör om då och då tills de bara är al dente, cirka 7 minuter. Häll av och ställ åt sidan. Värm ugnen till 350°F.
d) Kombinera den fasta och mjuka tofun i en stor skål. Tillsätt näringsjästen och persiljan och blanda tills det är väl blandat.
e) Blanda i radicchio- och svampblandningen och smaka av med salt och peppar.
f) Sked ett lager av tomatsåsen i botten av 9 x 13-tums bakform. Toppa med ett lager av nudlarna. Fördela hälften av tofublandningen jämnt över nudlarna. Upprepa med ytterligare ett lager nudlar följt av ett lager sås.
g) Bred ut den återstående tofublandningen ovanpå och avsluta med ett sista lager nudlar och sås. Strö toppen med malda valnötter.
h) Täck med folie och grädda i 45 minuter. Ta av locket och grädda 10 minuter längre. Låt stå i 10 minuter innan servering.

90. Lasagne Primavera

Gör 6 till 8 portioner

Ingredienser:

- 8 uns lasagnenudlar
- 2 matskedar olivolja
- 1 liten gul lök, hackad
- 3 vitlöksklyftor, hackade
- 6 uns silken tofu, avrunnen
- 3 koppar vanlig osötad sojamjölk
- 3 matskedar näringsjäst
- $1/8$ tesked mald muskotnöt
- Salt och nymalen svartpeppar
- 2 dl hackade broccolibuktor
- 2 medelstora morötter, hackade
- 1 liten zucchini, halverad eller kvartad på längden och skär i 1/4-tums skivor
- 1 medelstor röd paprika, hackad
- 2 pund fast tofu, avrunnen och klappad torr
- 2 msk finhackad färsk bladpersilja
- $1/2$ dl vegansk parmesan ellerParmasio
- $1/2$ dl mald mandel eller pinjenötter

Vägbeskrivning:

a) Värm ugnen till 350°F. Koka nudlarna på medelhög värme i en kastrull med kokande saltat vatten, rör om då och då tills de bara är al dente, cirka 7 minuter. Häll av och ställ åt sidan.

b) Värm oljan på medelvärme i en liten stekpanna. Tillsätt löken och vitlöken, täck över och koka tills de är mjuka, cirka 5 minuter. Överför lökblandningen till en mixer.

c) Tillsätt sidentofun, sojamjölk, näringsjäst, muskotnöt och salt och peppar efter smak. Mixa tills det är slätt och ställ åt sidan.

d) Ånga broccolin, morötterna, zucchinin och paprikan tills de är mjuka. Avlägsna från värme.

e) Smula ner den fasta tofun i en stor skål. Tillsätt persiljan och 1/4 dl parmesan och smaka av med salt och peppar. Blanda tills det är väl blandat.

f) Rör ner de ångade grönsakerna och blanda väl, tillsätt mer salt och peppar om det behövs.

g) Häll ett lager av den vita såsen i botten av lätt oljad 9 x 13-tums ugnsform.

h) Toppa med ett lager av nudlarna. Fördela hälften av tofun och grönsaksblandningen jämnt över nudlarna. Upprepa med ytterligare ett lager nudlar, följt av ett lager sås.

i) Bred ut den återstående tofublandningen ovanpå och avsluta med ett sista lager nudlar och sås, avsluta med den återstående 1/4 koppen parmesan.

j) Täck med folie och grädda i 45 minuter.

91. Svarta bönor och pumpa Lasagne

Gör 6 till 8 portioner

Ingredienser:

- 12 lasagnenudlar
- 1 msk olivolja
- 1 medelstor gul lök, hackad
- 1 medelstor röd paprika, hackad
- 2 vitlöksklyftor, hackade
- 1 1/2 koppar kokta eller 1 (15,5-ounce) burk svarta bönor, avrunna och sköljda
- (14,5-ounce) burk krossade tomater
- 2 tsk chilipulver
- Salt och nymalen svartpeppar
- 1 pund fast tofu, väl dränerad
- 3 msk finhackad färsk persilja eller koriander
- 1 (16-ounce) burk pumpapuré
- 3 koppar tomatsalsa, hemlagad (seFärsk tomatsalsa) eller köpt i butik

Vägbeskrivning:

a) Värm ugnen till 375°F.
b) Koka nudlarna på medelhög värme i en kastrull med kokande saltat vatten, rör om då och då tills de bara är al dente, cirka 7 minuter. Häll av och ställ åt sidan.

c) Värm oljan på medelvärme i en stor stekpanna. Tillsätt löken, täck över och koka tills den mjuknat. Tillsätt paprikan och vitlöken och koka tills den mjuknat, 5 minuter längre.

d) Rör ner bönorna, tomaterna, 1 tsk chilipulver och salt och svartpeppar efter smak. Blanda väl och ställ åt sidan.

e) I en stor skål, kombinera tofun, persilja, de återstående 1 tsk chilipulver och salt och svartpeppar efter smak. Avsätta.

f) I en medelstor skål, kombinera pumpan med salsan och rör om för att blanda väl. Krydda med salt och peppar efter smak.

g) Fördela cirka ¾ kopp av pumpablandningen i botten av en 9 x 13-tums ugnsform. Toppa med 4 av nudlarna. Toppa med hälften av bönblandningen, följt av hälften av tofublandningen.

h) Toppa med fyra av nudlarna, följt av ett lager av pumpablandningen, sedan den återstående bönblandningen, toppad med de återstående nudlarna.

i) Fördela den återstående tofublandningen över nudlarna, följt av den återstående pumpablandningen, fördela den till kanterna på pannan.

j) Täck med folie och grädda tills det är varmt och bubbligt, ca 50 minuter. Avtäck, strö över pumpafrön och låt stå 10 minuter innan servering.

92. Mangoldfylld manicotti

Ger 4 portioner

Ingredienser:

- 12 manicotti
- 3 matskedar olivolja
- 1 liten lök, finhackad
- 1 medelstor knippe mangold, hårda stjälkar putsade och hackade
- 1 pund fast tofu, avrunnen och smulad
- Salt och nymalen svartpeppar
- 1 kopp råa cashewnötter
- 3 koppar vanlig osötad sojamjölk
- $1/8$ tesked mald muskotnöt
- $1/8$ tesked mald cayennepepp
- 1 dl torrt okryddat brödsmulor

Vägbeskrivning:

a) Värm ugnen till 350°F. Olja lätt en 9 x 13-tums bakform och ställ åt sidan.

b) Koka manicotti på medelhög värme i en kastrull med kokande saltat vatten, rör om då och då, tills den är al dente, cirka 8 minuter. Häll av väl och kör under kallt vatten. Avsätta.

c) I en stor stekpanna, värm 1 matsked av oljan på medelvärme. Tillsätt löken, täck över och koka tills den mjuknat ca 5 minuter.

d) Tillsätt mangold, täck och koka tills mangold är mjuk, rör om då och då, ca 10 minuter.

e) Ta av från värmen och tillsätt tofun, rör om så att det blandas väl. Krydda väl med salt och peppar efter smak och ställ åt sidan.

f) Mal cashewnötterna till ett pulver i en mixer eller matberedare. Tillsätt 1 1/2 dl sojamjölk, muskotnöt, cayennepeppar och salt efter smak. Mixa tills det är slätt.

g) Tillsätt de återstående 1 1/2 dl sojamjölk och mixa tills det blir krämigt. Smaka av, justera kryddor om det behövs.

h) Bred ut ett lager av såsen på botten av den förberedda ugnsformen. Packa ner ca 1/3 kopp av mangoldfyllningen i manicotti. Lägg den fyllda manicotti i ett lager i ugnsformen. Häll resterande sås över manicotti.

i) I en liten skål, kombinera brödsmulorna och de återstående 2 msk olja och strö över manicotti.

j) Täck med folie och grädda tills det är varmt och bubbligt, ca 30 minuter. Servera omedelbart.

93. Spenat Manicotti

Ger 4 portioner

Ingredienser:

- 12 manicotti
- 1 msk olivolja
- 2 medelstora schalottenlök, hackade
- 2 (10-ounce) förpackningar fryst hackad spenat, tinad
- 1 pund extra fast tofu, avrunnen och smulad
- 1/4 tesked mald muskotnöt
- Salt och nymalen svartpeppar
- 1 kopp rostade valnötsbitar
- 1 dl mjuk tofu, avrunnen och smulad
- 1/4 kopp näringsjäst
- 2 koppar vanlig osötad sojamjölk
- 1 dl torrt brödsmulor

Vägbeskrivning:

a) Värm ugnen till 350°F.
b) Olja lätt en 9 x 13-tums ugnsform.
c) Koka manicotti på medelhög värme i en kastrull med kokande saltat vatten, rör om då och då, tills den är al dente, cirka 10 minuter. Häll av väl och kör under kallt vatten. Avsätta.

d) Värm oljan på medelvärme i en stor stekpanna. Tillsätt schalottenlöken och koka tills den mjuknat, cirka 5 minuter. Pressa spenaten för att få bort så mycket vätska som möjligt och lägg i schalottenlöken.

e) Krydda med muskotnöt och salt och peppar efter smak och koka 5 minuter, rör om för att blanda smaker. Tillsätt den extra fasta tofun och rör om så att den blandas väl. Avsätta.

f) Bearbeta valnötterna i en matberedare tills de är finmalda. Tillsätt den mjuka tofun, näringsjäst, sojamjölk och salt och peppar efter smak. Bearbeta tills den är slät.

g) Bred ut ett lager av valnötsåsen på botten av den förberedda ugnsformen. Fyll manicotti med fyllningen.

h) Lägg den fyllda manicotti i ett lager i ugnsformen. Häll resten av såsen ovanpå. Täck med folie och grädda tills det är varmt, ca 30 minuter.

i) Avtäck, strö över ströbröd och grädda ytterligare 10 minuter för att bryna toppen lätt. Servera omedelbart.

94. Lasagnepinhjul

Ger 4 portioner

Ingredienser:

- 12 lasagnenudlar
- 4 koppar lätt packad färsk spenat
- 1 kopp kokta eller konserverade vita bönor, avrunna och sköljda
- 1 pund fast tofu, avrunnen och klappad torr
- $1/2$ tsk salt
- $1/4$ tsk nymalen svartpeppar
- $1/8$ tesked mald muskotnöt
- 3 dl marinarasås, hemlagad

Vägbeskrivning:

a) Värm ugnen till 350°F. Koka nudlarna på medelhög värme i en kastrull med kokande saltat vatten, rör om då och då, tills de bara är al dente, cirka 7 minuter.

b) Lägg spenaten i en mikrovågsugnsform med 1 msk vatten. Täck över och mikrovågsugn i 1 minut tills det vissnat. Ta ut ur skålen, krama ur eventuell återstående vätska.

c) Överför spenaten till en matberedare och hacka den. Tillsätt bönorna, tofun, salt och peppar och bearbeta tills de är väl kombinerade. Avsätta.

d) Lägg ut nudlarna på en plan arbetsyta för att montera hjulen. Bred ut cirka 3 matskedar tofu-spenatblandning på ytan av varje nudel och rulla ihop. Upprepa med resterande ingredienser.

e) Fördela ett lager av tomatsåsen i botten av en grund gryta.

f) Lägg rullarna upprätt ovanpå såsen och häll lite av den återstående såsen på varje nålhjul. Täck med folie och grädda i 30 minuter. Servera omedelbart.

95. Pumpa ravioli med ärtor

Ger 4 portioner

Ingredienser:

- 1 kopp konserverad pumpapuré
- ½ dl extra fast tofu, väl avrunnen och smulad
- 2 msk finhackad färsk persilja
- Nyp mald muskotnöt
- Salt och nymalen svartpeppar
- 1Äggfri pastadeg
- 2 eller 3 medelstora schalottenlök, halverade på längden och skär i 1/4-tums skivor
- 1 kopp frysta babyärter, tinade

Vägbeskrivning:

a) Använd en pappershandduk för att torka av överflödig vätska från pumpan och tofun, kombinera sedan i en matberedare med näringsjäst, persilja, muskotnöt och salt och peppar efter smak. Avsätta.

b) För att göra raviolin, kavla ut pastadegen tunt på en lätt mjölad yta. Skär degen i

c) 2 tum breda remsor. Placera 1 hög tesked fyllning på 1 pastaremsa, cirka 1 tum från toppen.

d) Lägg ytterligare en tesked fyllning på pastaremsan, ungefär en tum under den första sked fyllningen. Upprepa längs hela degremsan.

e) Blöt lätt kanterna på degen med vatten och lägg en andra remsa med pasta ovanpå den första som täcker fyllningen.

f) Tryck ihop de två deglagren mellan fyllningsdelarna.

g) Använd en kniv för att trimma sidorna av degen så att den blir rak, skär sedan över degen mellan varje fyllningshög för att göra fyrkantiga ravioli.

h) Överför raviolin till en mjölad tallrik och upprepa med resterande deg och sås. Avsätta.

i) Värm oljan på medelvärme i en stor stekpanna. Tillsätt schalottenlöken och koka, rör om då och då, tills schalottenlöken är djupt gyllenbrun men inte bränd, cirka 15 minuter. Rör ner ärtorna och smaka av med salt och peppar. Håll värmen på mycket låg värme.

j) Koka raviolin i en stor kastrull med kokande saltat vatten tills de flyter till toppen, cirka 5 minuter. Låt rinna av väl och lägg över i pannan med schalottenlök och ärter.

k) Koka i en minut eller två för att blanda smakerna och överför sedan till en stor serveringsskål. Krydda med mycket peppar och servera direkt.

96. Kronärtskocka-Valnöt Ravioli

Ger 4 portioner

Ingredienser:

- ⅓ kopp plus 2 msk olivolja
- 3 vitlöksklyftor, hackade
- 1 (10-ounce) förpackning fryst spenat, tinad och pressad torr
- 1 dl frysta kronärtskockshjärtan, tinade och hackade
- ⅓ dl fast tofu, avrunnen och smulad
- 1 kopp rostade valnötsbitar
- ¼ dl tätt packad färsk persilja
- Salt och nymalen svartpeppar
- 1 Äggfri pastadeg
- 12 färska salviablad

Vägbeskrivning:

a) I en stor stekpanna, värm 2 matskedar av oljan på medelvärme. Tillsätt vitlök, spenat och kronärtskockshjärtan.

b) Täck över och koka tills vitlöken är mjuk och vätskan absorberas, ca 3 minuter, rör om då och då.

c) Överför blandningen till en matberedare. Tillsätt tofun, 1/4 kopp av valnötterna, persiljan och salt och peppar efter smak.

Bearbeta tills det är malet och ordentligt blandat.
d) Ställ åt sidan för att svalna.
e) För att göra raviolin, kavla ut degen väldigt tunt (ca 1/8 tum) på en lätt mjölad yta och skär den i 2 tum breda remsor.
f) Placera 1 hög tesked fyllning på en pastaremsa, cirka 1 tum från toppen.
g) Lägg ytterligare en tesked fyllning på pastaremsan, cirka 1 tum under den första sked fyllningen. Upprepa längs hela degremsan.
h) Blöt lätt kanterna på degen med vatten och lägg en andra remsa med pasta ovanpå den första som täcker fyllningen.
i) Tryck ihop de två deglagren mellan fyllningsdelarna. Använd en kniv för att trimma sidorna av degen så att den blir rak, och skär sedan över degen mellan varje fyllning för att göra fyrkantiga ravioli.
j) Lägg över raviolin till en mjölad tallrik och upprepa med resterande deg och fyllning.
k) Koka raviolin i en stor kastrull med kokande saltat vatten tills de flyter till toppen, ca 7 minuter. Häll av väl och ställ åt sidan. Värm den återstående 1/3 dl olja på medelvärme i en stor stekpanna.
l) Tillsätt salvian och de återstående $\frac{3}{4}$ kopparna valnötterna och koka tills salvian blir knaprig och valnötterna doftar.

m) Tillsätt den kokta raviolin och koka, rör försiktigt, för att täcka med såsen och värma igenom. Servera omedelbart.

97. Tortellini med apelsinsås

Ger 4 portioner

Ingredienser:

- 1 msk olivolja
- 3 vitlöksklyftor, finhackade
- 1 dl fast tofu, avrunnen och smulad
- ¾ kopp hackad färsk persilja
- 1/4 dl vegansk parmesan ellerParmasio
- Salt och nymalen svartpeppar
- 1Äggfri pastadeg
- 21/2 dl marinarasås
- Skal av 1 apelsin
- 1/2 tsk krossad röd paprika
- 1/2 kopp sojakanna eller vanlig osötad sojamjölk

Vägbeskrivning:

a) Värm oljan på medelvärme i en stor stekpanna. Tillsätt vitlöken och koka tills den är mjuk, ca 1 minut. Rör ner tofun, persilja, parmesan och salt och svartpeppar efter smak. Blanda tills det är väl blandat. Ställ åt sidan för att svalna.

b) För att göra tortellini, kavla ut degen tunt (ca 1/8 tum) och skär i 21/2-tums rutor. Plats

c) 1 tsk fyllning strax utanför mitten och vik ena hörnet av pastakvadraten över fyllningen för att bilda en triangel.

d) Pressa ihop kanterna för att försegla, linda sedan triangeln, mittpunkten nedåt, runt pekfingret, tryck ihop ändarna så att de fastnar. Vik ned triangelns spets och dra av fingret.
e) Ställ åt sidan på en lätt mjölad plåt och fortsätt med resten av degen och fyllningen.

f) Kombinera marinarasås, apelsinskal och krossad röd paprika i en stor kastrull. Värm tills det är varmt, rör sedan i sojaklumpen och håll varmt på mycket låg värme.
g) I en kastrull med kokande saltat vatten, koka tortellini tills de flyter till toppen, ca 5 minuter.
h) Låt rinna av väl och överför till en stor serveringsskål. Tillsätt såsen och blanda försiktigt för att kombinera. Servera omedelbart.

98. Grönsak Lo Mein Med Tofu

Ger 4 portioner

Ingredienser:

- 12 uns linguine
- 1 msk rostad sesamolja
- 3 msk sojasås
- 2 msk torr sherry
- 1 matsked vatten
- Nyp socker
- 1 msk majsstärkelse
- 2 msk raps- eller vindruvsolja
- 1 pund extra fast tofu, avrunnen och tärnad
- 1 medelstor lök, halverad och tunt skivad
- 3 dl små broccolibuktor
- 1 medelstor morot, skuren i 1/4-tums skivor
- 1 kopp skivad färsk shiitake eller vita svampar
- 2 vitlöksklyftor, hackade
- 2 tsk riven färsk ingefära
- 2 salladslökar, hackade

Vägbeskrivning:

a) Koka linguinen i en stor kastrull med kokande saltat vatten, rör om då och då, tills den är mjuk, cirka 10 minuter. Låt rinna av väl och överför till en skål. Tillsätt 1 tesked av sesamoljan och rör om för att täcka. Avsätta.

b) I en liten skål, kombinera sojasås, sherry, vatten, socker och de återstående 2 tsk sesamolja. Tillsätt majsstärkelsen och rör om så att den löser sig. Avsätta.

c) I en stor stekpanna eller wok, värm 1 matsked raps på medelhög värme. Tillsätt tofun och koka tills den är gyllenbrun, cirka 10 minuter. Ta bort från stekpannan och ställ åt sidan.

d) Värm återstående rapsolja i samma stekpanna. Tillsätt löken, broccolin och moroten och fräs tills de precis är mjuka, cirka 7 minuter. Tillsätt svampen, vitlöken, ingefäran och salladslöken och fräs i 2 minuter.

e) Rör ner såsen och den kokta linguinen och rör om så att det blandas väl.

f) Koka tills den är genomvärmd. Smaka av, justera kryddor och tillsätt mer soja om det behövs. Servera omedelbart.

99. Pad Thai

Ger 4 portioner

Ingredienser:

- 12 uns torkade risnudlar
- 1/3 kopp sojasås
- 2 msk färsk limejuice
- 2 matskedar ljust farinsocker
- 1 msk tamarindpasta
- 1 msk tomatpuré
- 3 matskedar vatten
- 1/2 tsk krossad röd paprika
- 3 msk raps- eller vindruvsolja
- 1 pund extra fast tofu, avrunnen, tärnad
- 4 salladslökar, hackade
- 2 vitlöksklyftor, hackade
- 1/3 dl grovt hackade torrostade osaltade jordnötter
- 1 dl böngroddar, till garnering
- 1 lime, skuren i klyftor, till garnering

Vägbeskrivning:

a) Blötlägg nudlarna i en stor skål med varmt vatten tills de mjuknat, 5 till 15 minuter, beroende på nudlarnas tjocklek. Häll av väl och skölj under kallt vatten.

b) Överför de avrunna nudlarna till en stor skål och ställ åt sidan.

c) I en liten skål, kombinera sojasås, limejuice, socker, tamarindpasta, tomatpuré, vatten och krossad röd paprika. Rör om så att det blandas väl och ställ åt sidan.

d) I en stor stekpanna eller wok, värm 2 matskedar av oljan på medelvärme. Tillsätt tofun och fräs tills den är gyllenbrun, cirka 5 minuter. Lägg över till ett fat och ställ åt sidan.

e) Värm den återstående 1 msk olja på medelvärme i samma stekpanna eller wok. Tillsätt löken och fräs i 1 minut.

f) Tillsätt salladslöken och vitlöken, fräs i 30 sekunder, tillsätt sedan den kokta tofun och koka i cirka 5 minuter, rör om då och då, tills den är gyllenbrun. Tillsätt de kokta nudlarna och blanda ihop och värm igenom.

g) Rör ner såsen och koka, häll över, tillsätt en skvätt eller två extra vatten, om det behövs, för att förhindra att den fastnar.

h) När nudlarna är varma och möra, lägg upp dem på ett serveringsfat och strö över jordnötter och koriander.

i) Garnera med böngroddar och limeklyftor på sidan av tallriken. Servera varm.

100. Drunken Spaghetti med Tofu

Ger 4 portioner

Ingredienser:

- 12 uns spagetti
- 3 msk sojasås
- 1 msk vegetarisk ostronsås
- 1 tsk ljust farinsocker
- 8 uns extra fast tofu, avrunnen
- 2 msk raps- eller vindruvsolja
- 1 medelstor rödlök, tunt skivad
- 1 medelstor röd paprika, tunt skivad
- 1 dl snöärtor, putsade
- 2 vitlöksklyftor, hackade
- 1/2 tsk krossad röd paprika
- 1 kopp färska thailändska basilikablad

Vägbeskrivning:

a) Koka spaghettin på medelhög värme i en kastrull med kokande saltat vatten, rör om då och då, tills den är al dente, cirka 8 minuter. Häll av väl och överför till en stor skål.

b) I en liten skål, kombinera sojasås, ostronsås, om du använder, och socker.

Blanda väl, häll sedan på den reserverade spaghettin, släng för att täcka. Avsätta.

c) Skär tofun i 1/2-tums remsor. I en stor stekpanna eller wok, värm 1 matsked av oljan på medelhög värme.

d) Tillsätt tofun och koka tills den är gyllene, cirka 5 minuter. Ta bort från stekpannan och ställ åt sidan.

e) Sätt tillbaka stekpannan till värmen och tillsätt den återstående 1 msk rapsolja.

f) Tillsätt lök, paprika, snöärtor, vitlök och krossad röd paprika. Rör om tills grönsakerna är precis mjuka, ca 5 minuter.

g) Tillsätt den kokta spagetti- och såsblandningen, den kokta tofun och basilikan och fräs tills den är varm, cirka 4 minuter.

SLUTSATS

Hälsofördelarna med sojabönor är omfattande. Den är glutenfri och låg i kalorier. Det kan sänka det "dåliga" kolesterolet och det innehåller också isoflavoner som fytoöstrogener.
Isoflavoner kan ha både östrogenagonist- eller östrogenantagonistegenskaper.
Dessa kan hjälpa till att skydda mot vissa cancerformer, hjärtsjukdomar och osteoporos.

www.ingramcontent.com/pod-product-compliance
Lightning Source LLC
Chambersburg PA
CBHW070508120526
44590CB00013B/782